Der elegante Theetisch

Der elegante Theetisch

von

François le Goullon

Verlag für die Frau

Der elegante

Theetisch,

oder

die Kunst,

einen

glänzenden Zirkel auf eine geschmackvolle und anständige Art
ohne großen Aufwand zu bewirthen.

———

Herausgegeben

von

François le Goullon,

Großherzoglich Sächsisch=Weimarischem Mundkoch.

———

Vierte verbesserte und vermehrte Auflage.

———

Weimar,
bei Wilhelm Hoffmann.
1829.

Das Original befindet sich im Besitz von Erwin Kohlmann,
Naumburg.
Im historischen Text wurden für vorliegende Ausgabe nur ge-
ringfügige Korrekturen der Orthographie und wenige Kürzun-
gen vorgenommen, die die Lesbarkeit fördern sollen. Die
Schreibweise der französischen Bezeichnungen wurde belassen.
Von den 160 Rezepten des Originals wurden 115 übernommen.
[Für die Neuausgabe ausgewählt und aufbereitet
von Günther Liebethal.
Mit einem Nachwort von Anneliese Schmitt]
Gesamtgestaltung Renate Herfurth

LeGoullon, François:
Der elegante Theetisch / von François le Goullon.
Für d. Neuausg. ausgew. u. aufbereitet von Günther Liebethal.
Mit e. Nachw. von Anneliese Schmitt.
2. Aufl. – Leipzig: Verlag für die Frau, 1988.
104 S., Ill. (farb.)
NE: Liebethal, Günther [Bearb.]

ISBN 3-7304-0098-3
2. Aufl. 1988
Druckgenehmigungsnummer 126/405/68/88
Printed in the German Democratic Republic
LSV 9229
Bestellnummer 673 200 4
01280

INHALT

Von den Pflichten des Wirtes und der Wirtin
gegen die Gäste 9
Von der Bereitung des Tees 13
Verschiedene Sorten Punsch 19
Frühstücksgetränke 24
Kühlende Getränke 28
Gelees, blanc mangés und glacirte Früchte 31
Feine Backwerke 39
Glasur für Backwerke und Torten 50
Biscuits und feine Torten 52
Waffeln und Hohllippen 64
Backwerke aus Schmalz 65
Blätterteig 70
Hefen-Backwerk 78
Von dem Gefrornen 82
Nachwort 96
Worterklärungen 101
Gewichtstabelle 104

VON DEN PFLICHTEN DES WIRTES
ODER DER WIRTIN GEGEN DIE GÄSTE

Geehrte Frauen!

Da man Ihnen in unseren Tagen bei den Teegesellschaften, so wie ehemals bei den glänzenden Abendschmaußen (soupées), mit Recht den ersten Platz eingeräumt hat, so unterstehe ich mich, Ihnen, denen dieses kleine Werk vorzüglich gewidmet ist, einige Bemerkungen mitzuteilen, welche eine der liebenswürdigsten und geistreichsten Frauen unserer Zeit zur Verfasserin haben, und nicht allein Ihres ganzen Beifalls wert sind, sondern auch Ihre völlige Beherzigung verdienen.

Dies sind ihre Worte:

So leicht sich auch die Regeln des guten Tons im gesellgen Verein in einzelne Begriffe und Forderungen fassen lassen, so reihen sie sich doch nur dann erst in der Ausübung zu einem geselligen Ganzen aneinander, wenn innerer Takt für das Schickliche und Anmutige den leitet, der als Wirt oder Wirtin die Verpflichtung auf sich genommen hat, seinen Gästen einige angenehme Stunden zu bereiten.

Dieser Takt braucht nicht bloß angeboren zu sein; er läßt sich auch *erwerben* durch Achtsamkeit auf sich selbst und andere, und durch genaue Beobachtung der Menschen und ihrer geselligen Verbindlichkeiten und Freuden.

Nicht der Glanz der Einrichtung, die Pracht der Bewirtung oder die Anzahl der Teilnehmenden gewährt den richtigen Maßstab des allgemein zu bewirkenden Vergnügens. Eine gewisse, sanft ansprechende, freundliche Harmonie in allem, sowohl in dem Betragen des Wirtes als seiner Umgebung, und in dem, was er bietet, ein unsichtbares Streben für jeden Einzelnen, das individuelle Unangenehme zu entfernen, was der Gang der Unterhaltung vielleicht berühren könnte; ein leichtes, zwangloses Bemühen, einen jeden in den Zustand der Behaglichkeit zu versetzen, in welchem man mit sich und andern zufrieden ist, und die Kraft, durch eigne Heiterkeit auf die Stimmung der Gesellschaft anmutig einzuwirken, sind die Haupterfordernisse zur Erreichung des Zwecks, im traulichen Beisammensein dem höhern Genuß des Lebens zu huldigen, und – wenn auch nur für kurze Zeit – seine unvermeidlichen Dornen zu vergessen.

Bekannt mit den individuellen Ansichten oder Verhältnissen der Gäste, werden aufmerksame Wirte leicht alles vermeiden, was der Unterhaltung den bitteren Beigeschmack der Kränkung, des Mißvergnügens, der Verstimmung oder trüben Erinnerungen verleihen könnte. Da wir aber in zahlreichen Gesellschaften unmöglich die Beziehungen aller einzusehen, zu wissen und uns gegenwärtig zu erhalten im Stande sind, so ist es notwendig, die Persönlichkeit der Gäste leise und schonend zu übergehen, damit nicht eine oder die andere unsanfte Berührung, die wir uns unwillkürlich zu Schulden kommen lassen, einen schmerzlichen Eindruck errege. Indem wir daher nur allgemeine, nicht individuelle Gegenstände zur Sprache bringen, eröffnen wir ein weites Feld der Unterhaltung, wo ein jeder sich unbefangen bewegen, aus sich selbst herausgehen und im frischen Austausch seiner Ideen und Meinungen sich belehren und erheitern kann. Nur in einem engen und durch Herzlichkeit verwandten Kreis ist es gestattet, die Verhältnisse, Eröffnungen und Empfindungen Einzelner traulich zu erörtern und abzuhandeln. In größeren Zirkeln müssen diese Vertraulichkeiten schweigen und sich dem Streben unterordnen, jeden à sons aise zu setzen, ohne ihn in seiner Eigentümlichkeit anzutasten.

Ob und inwiefern äußere Hilfsmittel, als Musik, Spiele mancherlei Art, Vorzeigen interessanter Kunstsammlungen oder einzelner Werke der Kunst u.s.w. zum Erlangen dieses Zweckes beitragen können, bleibe hier unerörtert, und ihre Benutzung oder Nichtbenutzung den Verhältnissen und Vermögensumständen eines jeden überlassen. Allerdings ist es schon oft gelungen, durch ihre Unterstützung die matter werdende Unterhaltung neu zu beleben, und durch einen höheren Schwung zu vorher nicht berührten, interessantern Punkten hinzuleiten. Daher empfiehlt sich dieser Kunstgriff durch sich selbst und durch seine Wirkung; nur blicke, um diese letztere nicht zu verfehlen, ja niemals die Absicht hervor; leise, verschleiert und gleichsam als Zufall sich einschleichend, gehe dieses Bestreben unter der Hülle der Grazien hervor, damit es nicht als *Geistesleere* des *Wirtes* und *pedantisches Zwingen* der Gäste, sich nach diesen Gegenständen zu wenden, erscheine…

In einem reichen Gemüt, mit verständigem Sinn verbunden, werden diese Winke ein hinreichendes Samenkorn sein, das liebliche Früchte für die Gesellschaft trägt, und das durch echtes Wohlwollen und freundliche Stimmung jenen schönen Einklang hervorbringt, der als eigentliche Würze der Geselligkeit die anziehendste geistige Bewirtung ist. Derjenige aber, dem von der Natur versagt war, den Faden individueller Behandlungsweise aus der Eingebung eines innern Taktes heraus zu spinnen, der beobachte mit desto aufmerksamern Geiste, was ihm selbst, und den Menschen um ihn her, *wohl* oder *wehe* tut. Er bestrebe sich des Einen, und vermeide das Andere, und indem er mit Herzlichkeit seine Gäste empfängt, und alles aufbietet, was in seinen Kräften steht, ihnen die Stunden, für die er sie sich angeeignet hat, zu erheitern, wird aus diesem rein menschlichen Bemühen, auch ohne künstlichen Plan, ein günstiger Erfolg in allgemeiner Zufriedenheit sich entwickeln.

VON DER BEREITUNG DES TEES

In ausgewählten vertrauten Zirkeln war es schon längst, selbst in den vornehmsten Häusern, Sitte, und ist es noch, daß die Frau vom Hause, oder eine dieser Würde entsprechende Freundin, den Tee in Gegenwart der Gäste selbst bereitet.

Diese lobenswerte Einrichtung gewährt den Gästen Genuß; denn es ist nicht zu leugnen, daß der schön geordnete Teetisch, das glänzende Teegerät und selbst die freundliche Geschäftigkeit, mit welcher die Wirtin alles beobachtet, was diesem einfachen Getränke mehr Wert geben kann, einen angenehmen Eindruck auf die Gäste macht.

Bei großen Gesellschaften würde das Amt des Teebereitens der Hausfrau zu viel Zeit kosten, die sie auf eine angenehmere und wohltuendere Weise der Unterhaltung ihrer Gäste widmen kann. Man läßt in solchen Fällen den Tee außerhalb des Salons und der Gesellschaftszimmer in mehreren Teekannen durch bewährt zuverlässige Personen bereiten, und ihn auf großen Teebrettern den Gästen servieren.

Die Bereitung des Tees ist an sich zu einfach und allgemein bekannt, um etwas hierüber sagen zu können. Nur diese einzige Erinnerung sei mir erlaubt: das Teewasser muß bei hell brennendem Feuer so schnell wie möglich kochend gemacht werden, damit es keinen räucherischen Geschmack annehmen kann, welcher auch dem kostbarsten Tee seine Güte benimmt.

Die Teekanne muß mit kochendem Wasser ausgespült werden. Man läßt dieses solange darin, bis sie durchaus heiß geworden ist. Dann nimmt man bei einer nicht großen Gesellschaft auf jede Person einen mäßigen Teelöffel voll Tee; ist sie zahlreich, so braucht man weniger. Man brüht diesen Tee mit kochendem Wasser, das ihn eben bedeckt, bis die Blätter desselben recht ausgequollen sind. Dann gießt man die Teekanne voll und läßt ihn noch eine kleine Weile ziehen. Wenn man die Tassen eingeschenkt hat, werden sie auf dem Teebrett mit Rahm, Arrak oder Rum und einer Zuckerdose den Gästen dargereicht, so daß jeder nach seinem Geschmacke wählen kann.

Da es eine ziemlich allgemeine Liebhaberei ist, Butterbrot zum Tee zu genießen, so muß eine aufmerksame Wirtin stets Sorge tragen, daß diese nicht fehlen und in der vollkommensten Güte vorhanden sind. Man schneidet ganz dünne Scheiben, sowohl von weißem als vom Roggenbrote, bestreicht sie mit guter frischer Butter, legt sie doppelt zusammen, und ordnet sie auf eine für das Auge wohlgefällige Art.

Etwas vom Teegerät

Das Teegerät ist, so wie alles, was den Menschen umgibt, der Mode unterworfen. An edlere Formen gewöhnt, haben wir die geschmacklosen, kastenförmigen Teemaschinen schon längst in schöne antike Urnen umgewandelt; auch die Tassen dürfen sich nicht mehr in ihrer ursprünglichen Gestalt zeigen; sie erscheinen jetzt als Opferschalen, mit den lieblichsten Gegenständen aus der Götter- und Heldengeschichte geschmückt; oder sie sind mit sinnreichen Hieroglyphen verziert, und bieten mit dem balsamischen Tee zugleich Stoff zur Unterhaltung dar.

Dieser neuere und bessere Gebrauch, die Tassen von verschiedenen Formen, Malereien und Verzierungen aufzusetzen, hat außerdem, daß er einen schönen und reichen Anblick gewährt, auch noch das Gute, daß jeder Teetrinker sogleich seine Tasse wiederfinden und nicht verwechseln kann; denn ob es gleich Sitte ist, die Tassen vor jedesmaligem Einschenken in dem

Spülkumpen auszuspülen und abzutrocknen, so bleibt dieses immer eine Unannehmlichkeit mehr.

Auch wenn unglücklicherweise eine Schale zerbrochen wird, so ist der Schade weit leichter zu ersetzen, wie ehemals, wo oft durch den Verlust eines einzelnen Stücks ein ganzes kostbares Service seinen Wert verlor.

Die Teemaschinen sind größtenteils von Silber oder von bronziertem Kupfer, mit in Feuer vergoldeten, auch mit Silber plattierten Verzierungen, und sind jetzt so schön und in so mannigfaltigen Formen zu finden, daß man glauben sollte, es bliebe dem Künstler in diesem Fache nichts mehr zu erfinden übrig. Auch in hiesiger Gegend sind zwei sehr geschickte Kupferschmiede, welche nach vorgelegten Zeichnungen die vortrefflichste bronzierte Arbeit liefern. Der eine ist der schon rühmlichst bekannte *Pflug* in Jena, und der andere Wilhelm *Henninger*, Hof-Kupferschmied hier in Weimar.

Die Teetische sind gewöhnlich von Mahagoniholz mit einge-
senkten Teeplatten von lackiertem Blech mit Malerei; ebenfalls
so die Präsentierteller, und diese sind in Ansehung der Sauber-
keit fast den silbernen noch vorzuziehen.

Es ist zu bewundern, daß man nicht in Deutschland zugleich
auch einer Einrichtung den Engländern beim Teetisch nachge-
ahmt hat, die von einer wesentlichen Bequemlichkeit ist. Wir
setzen gewöhnlich die kochende Teemaschine mit auf den
Teetisch selbst, und beschädigen nicht selten dadurch den
Lack desselben, sondern rauben uns auch dadurch den Platz
für die Tassen und Teegeschirre. Die Engländer hingegen haben dafür eigne sogenannte Urn-Stands oder Teemaschinenträ-
ger, welche mit der Teemaschine neben den Teetisch oder
sonst an einen bequemen Platz gestellt werden. Es sind kleine
runde oder viereckige Tischchen, zierlich von Mahagoni gearbeitet, haben meist lackierte Platten, eine niedrige Gallerie und
vorn einen kleinen platten Schieber, der herausgezogen wird,
um den Teetopf darauf zu stellen, wenn man Wasser aus der
Maschine lassen will. Unter dem Tischblatte ist zwischen den
Füßen noch ein zierlicher leichter Boden, auf dem gewöhnlich
das schön verzierte Teekästchen steht.

Die Teekannen und Rahmgüsse (wenn solche nicht von Silber,
Porzellan oder Kristall sind), von schwarzem, gelbem oder
blauem Wedgewood, bleiben noch immer die beliebtesten und
gewiß auch die schönsten, besonders die schwarzen. Ein
neues, in England erfundenes Fayence, welches unter dem Namen Lustre verkauft wird und mehrere Metalle ziemlich täu-
schend nachahmt, eignet sich besonders als Surrogat des Sil-
bers sehr zum Schmuck eines Teetisches; doch es ist ihm noch
nicht gelungen, das anspruchslosere Wedgewood zu verdrän-
gen. Die Teelöffel sind nach dem Verschwinden des kleinen
japanischen Teegerätes auch größer und wichtiger geworden.

Öfters sind solche von Vermeil, gewöhnlich von Silber, so wie auch das Teesieb. Die Teller und Schüsseln zum Gebacknen von englischem Steingut mit roten oder schwarzen Kupferstichen sind jetzt sehr beliebt, empfehlen sich durch ihre Leichtigkeit und schöne Auswahl der Gegenstände, und ersetzen das teure Porzellan, ohne jedoch durch gar zu große Einfachheit das Auge zu befremden.

Tee

Es wäre unnötig, die verschiedenen Abstufungen der Teearten von der geringsten bis zur besten Sorte in Reihe und Glied zu stellen und zu erwähnen, da bei einem eleganten Teetisch nur die besseren Arten berücksichtigt und gebraucht werden. Man hat vier Sorten, die zusammengemischt, in den vornehmsten Häusern Englands und des nördlichen Deutschlands, wo unstreitig der teeverständigste Geschmack herrscht, an der Tagesordnung sind. Sie heißen: Haysan, Tschy, Soulong und Pecco. Der letztere gehört zu dem sogenannten schwarzen Tee, und ist die beste Sorte desselben. Seine dunkelbraunen, dürftig aussehenden Blätter haben, wenn er recht gut ist, kleine weiße Spitzen. Man nimmt ihn zu den vorher bemerkten drei Sorten grünen Tee, damit er das Zusammenziehende und Scharfe desselben mildere, das außerdem leicht eine nachteilige Wirkung auf die Nerven hervorbringen könnte.

VERSCHIEDENE SORTEN PUNSCH

*Punsch auf gewöhnliche Art**

Man nimmt zwei Pfund Zucker, reibt das Gelbe von vier Citronen darauf ab und tut den Zucker in die Terrine, das Abgeriebene aber in ein darüber gestelltes Haarsieb, oder in Ermangelung dessen in einen mit einer Serviette belegten Durchschlag, drückt den Saft von zwölf Citronen dazu und gießt drei Maß kochendes Wasser, worinnen ein halb Loth Tee gezogen hat, nebst einem Maß guten Arrak darüber, deckt die Terrine zu und setzt solche auf ein Kohlenfeuer. Sobald sich am Rand ein weißer Schaum zeigt, ist es Zeit, solche wegzunehmen.

Punsch auf englische Art

Man schält die Hälfte einer Citrone so fein wie möglich ab und tut diese Schale, in etliche kleine Stückchen geschnitten, nebst drei Viertelpfund Zucker in eine Terrine, drückt den Saft von drei Citronen dazu und gießt erstlich drei Nösel kochendes Wasser und dann ein Nösel Rum und eben so viel echten Franz-Branntwein dazu, setzt die Terrine etliche Minuten auf heiße Asche oder über den kochenden Wasserkessel und serviert wie gewöhnlich.

Auch kann man statt drei Viertelpfund Zucker nur ein halb Pfund nehmen, und ein Quartier Syrup capilaire darunter tun, welches diesem Punsch einen deliciösen Geschmack gibt.

---

* Um allem Mißverstand des Maßes und Gewichtes vorzubeugen, dient zur Nachricht, daß ein hiesiges Maß Flüssigkeit zwei Pfund und ein Nösel halb so viel wiegt. Ein Pfund hält 32 Loth Nürnberger Gewicht.

Punsch Royal

Zwei Pfund feiner Zucker wird in mehrere kleine Stückchen geschlagen, in eine Terrine getan, alsdann der Saft von zwölf Citronen, nebst einem Nösel Wasser, worin ein Loth feiner Tee hinlänglich gezogen hat, durch eine Serviette darüber gegossen. Sobald der Zucker zerschmolzen ist, gießt man ein Maß alten Rheinwein, ein Maß Burgunder, ein Maß Arrak, ein Maß Maraschino und eine Bouteille Champagner hinzu, rührt alles mit einer Punschkelle wohl untereinander und serviert diesen Punsch kalt.

Eier-Punsch

Man reibt von zwei Citronen die Schale auf Zucker, tut dies nebst dem Saft von vier Citronen, einem Pfund Zucker, einem Maß Franzwein, einem Nösel Arrak, einem Nösel Wasser und zwölf ganzen Eiern in einen Kessel, setzt ihn auf ein Kohlfeuer und schlägt mit dem Besen so lange, bis es in einem Schaume in die Höhe steigt. Man serviert diesen Punsch in Becher-Gläsern.

Whist

Zwei Loth feiner Tee wird in einem Maß Wasser gekocht und durch eine Serviette auf zwei Pfund Zucker gegossen, der Saft von zwölf Citronen dazu gedrückt, sechs Maß guter Medoc dazu getan, auf einem Kohlfeuer kochend heiß gemacht, und alsdann in Gläsern serviert; nur ist zu bemerken, daß dieses Getränke durchaus nicht kochen darf, weil es sonst seine liebliche Stärke verliert.

Bischoff

Die alte Art des Bischoffbereitens, an welcher unsere Vorfahren sich erquickten, nicht selten aber den Genuß dieses damals viel umständlicher zusammengesetzten Gemengsels mit Kopfschmerz und Unbehagen bezahlten, ist folgende:

Acht Stück schöne bittere Orangen oder Pommeranzen werden mit einem Messer, jedoch nur flach, von allen Seiten mit kleinen Schnittchen in die Schale geritzt und alsdann auf einem Rost über sehr gelindem Kohlfeuer gebraten, nachher kreuzweis mit tiefen Einschnitten versehen, in einen irdenen Topf getan, vier Maß guten Pontac darüber gegossen, den Topf wohl verdeckt, vier bis sechs Stunden auf heiße Asche gesetzt, damit die Orangen genugsam extrahiert werden, auch kann man sie einige Mal mit dem Löffel ausdrücken; noch besser ist es, wenn man sie über Nacht kann stehen lassen, alsdann durch eine Serviette preßt und mit zwei Pfund Zucker versüßt. Man kann den Bischoff sowohl warm als kalt trinken. Auch kann man eine geröstete schwarze Brotrinde nebst etwas Zimt und Nelken dazu tun und mit extrahieren lassen; der reine Pommeranzengeschmack ist aber immer vorzuziehen.

Die jetzige, weit einfachere und für Gaum und Magen vorteilhaftere Weise der Zubereitung des Bischoffs ist: daß man für jede Flasche Wein zwei bittere Orangen, bei größerer Anzahl von Flaschen weniger (vielleicht 3 auf 2 Bouteillen), bestimmt. Man schält, wenn sie mit einem reinen Tuche sorgsam abgewischt sind, die gelbe Schale so dünn ab, daß nichts von der weißen, lederartigen Haut der Orangen daran hängen oder sitzen bleibt; hierauf weicht man diese Schale 10 oder 12 Stunden in Wein ein, probiert dann die voneinander geschnittenen Orangen, ob ihr Saft bitter oder sauer ist. Im letztern Fall würde er das Getränk nur verwässern und unschmackhaft machen. Ist aber der Saft bitter, so drückt man ihn aus, mischt ihn mit dem übrigen Wein und dem gehörigen Zucker hinzu, gießt alles durch einen Durchschlag und serviert ihn in Bouteillen oder Terrinen als ein sehr labendes und wohltuendes Getränk.

Nykus

Zwei Maß Pontac, ein Nösel Wasser, das Abgeriebene nebst dem Safte von zwei Citronen, ein Pfund Zucker, eine halbe Quente geriebene Muskatnuß wird in einer Terrine auf Kohlenfeuer gesetzt, bis sich ein weißer Schaum zeigt, alsdann drei Loth Bischoffessenz dazu getan, noch ein Weilchen ziehen lassen und in gewöhnlichen Punschgläsern serviert.

Hippocras

Man nimmt vier Maß guten Rhein- oder Franzwein, ein Pfund feinen Zucker, zwei Loth Zimt, zwei Gran weißen ganzen Pfeffer, die Schale von einer Citrone, und läßt dieses vierundzwanzig Stunden wohlverdeckt stehen. Nachher nimmt man einen Filtriersack, legt ein Gran Ambra, welchen man mit etwas Zucker fein gestoßen und in ein leinenes Tüchelchen gebunden, hinein, und läßt den Wein einige Male durchlaufen. – Zwölf Stück schöne Borstorfer Äpfel oder Reinetten geschält und in Scheiben geschnitten, geben diesem Getränk den feinsten aromatischen Geschmack.

Folgende Getränke, als: Sapajeau, Dreifuß, Glühwein, Bavaroise und Chocolade, werden nur bei Déjeunérs oder besonderen Gelegenheiten serviert.

Chocolade

Um gute wohlschmeckende Wasser-Chocolade zu machen, muß man von der feinsten Turiner Chocolade, welche sich dadurch auszeichnet, daß sie sich nicht allein äußerst leicht auflöst, sondern auch keinen Bodensatz, wie die geringere Chocolade, zurückläßt, nehmen, und dann auf folgende Art verfahren.

Man gießt so viel Chocoladenbecher voll Wasser in die Chocoladenkanne, als man braucht, rechnet auf jeden Becher zwei Loth Chocolade, welche man entweder schneiden oder auf dem Reibeisen reiben kann, tut solche hinein und läßt sie aufkochen, hebt nochmals vom Feuer und läßt sie ein wenig stehen.

Unterdessen setzt man die Chocoladenbecher in heißes Wasser und legt die Chocoladenschaufel (wenn man solche brauchen will) in glühende Kohlen; alsdann wird die Chocolade mit dem Quirl oder Moulinet zu Schaum gerührt und mit einem kleinen Schaumlöffel in die Tassen getan und damit so lange fortgefahren, bis die Tassen ganz gehäuft voll Schaum sind, welchen man alsdann mit der glühenden eisernen Schaufel, die man einen halben Zoll hoch über die Tassen hält, bäckt; doch ist dieses nicht unumgänglich nötig, sondern es geschieht bloß, um zu verhüten, daß sich der Schaum nicht so geschwinde setzen soll. Man serviert gewöhnlich diese Chocolade mit Zwieback oder fein gerösteter Semmel.

Milch-Chocolade

Man setzt drei Nösel Milch in einer Kanne oder Topf, welcher aber wenigstens fünf Nösel halten muß, über das Feuer, gießt, wenn solche anfängt, recht heiß zu werden, ungefähr ein halb Nösel davon in ein anderes Geschirr, um sechs Eierdottern darinnen recht schaumig zu quirlen. Sobald die Milch anfängt zu steigen, schüttet man zwölf Loth geriebene Chocolade und ein oder zwei Loth Zucker hinein, läßt solche in die Höhe steigen, gießt den Eierschaum dazu, und setzt solche noch einige Minuten, unter beständigem Quirlen, auf das Feuer. Wenn alles genau beobachtet und die Chocolade gerade in dem Moment, wenn die Milch steigt, hineingetan wird, so wird solche außerordentlich schaumig und gibt weit mehrere Tassen, als gewöhnlich. NB. Die Milch darf vorher nicht schon abgesotten gewesen sein.

Sapajeau

Man reibt das Gelbe von drei Citronen auf Zucker ab, tut es nebst dem Safte von diesen drei Citronen, sechs ganzen Eiern und ein halb Pfund gestoßenem Zucker in ein Kesselchen oder eine Casserolle, rührt nach und nach ein Maß guten Rhein- oder Frankenwein darunter und schlägt es mit dem Schlagbesen auf dem Feuer, bis es kochend heiß und gestiegen ist, füllt es in Chocoladentassen und serviert es warm.

Glühwein

Vier ganze Eier und von vier Eiern das Gelbe werden in eine Casserolle getan und nach und nach ein Maß Franken- oder Rheinwein darunter gerührt, alsdann durch ein Haarsieb gegossen, damit die Keime der Eier zurückbleiben, und nebst zwölf Loth Zucker und einigen Stückchen Zimt auf das Feuer gesetzt und ununterbrochen mit dem Schlagbesen so lange geschlagen, bis er in einem dicken Schaum in die Höhe steigt. Man serviert den Glühwein in Tassen.

Bavaroise oder Bayrischer Tee

Ein Nösel gewöhnlicher, etwas starker Tee wird mit eben so viel Milch vermischt, sechs Eiergelb, welche man zuvor mit etwas kalter Milch abgequirlt hat, werden darunter gerührt und hinlänglich mit Syrup capilaire versüßt und heiß in Tassen serviert.

Dreifuß

Ein Maß Pontac, ein halb Loth Zimt, eine halbe Quente Vanille, zwölf Loth Zucker, wird auf dem Feuer kochend gemacht. Während dessen werden acht Eierdottern mit etwas kaltem Pontac abgequirlt und, sobald es kocht, darunter gegossen, noch einige Minuten über dem Feuer, unter beständigem Quirlen, gehalten, bis es aufstößt, und sodann in Tassen serviert.

KÜHLENDE GETRÄNKE
Orgeade oder Mandelmilch

Ein halb Pfund süße auserlesene Mandeln werden zu drei wiederholten Malen in frischem Wasser gewaschen und mit den Händen durchgerieben, dann in einem Reibstein oder, in Ermangelung dessen, mit etwas Wasser in einem Mörser recht fein gestoßen, alsdann in ein anderes Gefäß getan, nach und nach zwei Maß Wasser darunter gerührt, durch eine Serviette wohl ausgepreßt und nach Belieben mit fein gestoßenem Zukker versüßt, auch zuletzt ein wenig Orangenblüten-Wasser darunter getan, welches diesem Getränke einen äußerst lieblichen Geschmack gibt.

Syrup d'orgeade

Ein halb Pfund süße und ein Loth bittere Mandeln werden recht sauber gelesen, gewaschen und, damit sie nicht ölig werden, mit Wasser recht fein gestoßen. Ein halb Pfund feiner Zucker wird mit einem halben Nösel Wasser, unter öfterm Umrühren, so lange gekocht, bis, wenn man mit dem zweiten Finger ein wenig von dem Löffel streicht und mit Hilfe des Daumens auseinanderzieht, solches einen kleinen Faden gibt, der sogleich bricht und einen Tropfen auf dem Daumen zurückläßt; alsdann müssen die gestoßenen Mandeln auf gelindem Feuer nach und nach daruntergerührt und noch warm durch ein leinenes Tuch gepreßt werden. Man füllt diesen Sirup in Bouteillen, worin er sich sehr lange gut conserviert. Reisenden ist dieser Sirup sehr zu empfehlen, indem man solchen nur nach Belieben mit Wasser verdünnen darf, um in der Geschwindigkeit die wohlschmeckendste Orgeade zu haben.

Sillipup

Ein Nösel guter Franzwein, ein Viertelpfund Zucker, der Saft und die abgeriebene Schale von zwei Citronen, nebst einem halben Nösel süßen Rahm wird in einem etwas tiefen porzellanenen Geschirr an einem kühlen Orte so lange, vermittelst eines Schlagbesens, geschlagen, bis es einen starken Schaum gibt. Diesen nimmt man ab, richtet solchen in Weingläsern oder Tassen an und fährt mit Schlagen fort. Auf die Güte des Rahms kommt es vorzüglich an, um viel und leicht Schaum zu erhalten.

Himbeer-Wasser

Man zerquetscht die Himbeeren in einem irdenen Gefäße, drückt sie durch eine Serviette, tut zu einem Maß Saft zwei Maß Wasser und den Saft von einer Citrone, versüßt ihn und läßt ihn durch ein Haarsieb oder Serviette laufen.

Kirschen-Wasser

Man nimmt recht reife Kirschen, zupft sie von den Stielen und stößt sie mitsamt den Kernen nebst ein paar Nelken und Zimt in einem Mörser, läßt sie einige Stunden in einem irdenen Geschirr stehen, preßt sie sodann durch ein leinenes Tuch, tut zu einem Maß Saft zwei Maß Wasser, versüßt ihn und verfährt wie bei dem vorigen.

Außer den erfrischenden Getränken ist es beim großen Tee und auch beim Tee-dansant üblich, auch Gelées, geschlagenen Rahm, blanc mangés, und wenn es die Jahreszeit mit sich bringt, glacirte Früchte zu servieren. Man wird hier von allen das Auserlesenste und durchgängig Beliebteste finden.

Crême fouettée. Geschlagener Rahm oder Sahne

Man tut in einen irdenen Asch, so viel man nötig zu haben glaubt, frischen süßen Rahm, tut einen Löffel voll doppelt abgezogenes Orangen-Blütenwasser und etwas gestoßenen Zukker dazu, und schlägt ihn zu Schaum. Dieser Schaum nun wird mit einem Schaumlöffel behutsam auf ein Haarsieb getan, unter welches man eine Porzellanschüssel setzt, damit der abtröpfelnde Rahm hinein fallen kann. Dieser wird wieder in den Asch gegossen, und so verfährt man fort, bis er sämtlich zu Schaum ist; doch muß man ihn, so oft man frischen dazu tut, untereinander rühren. Alsdann wird er pyramidenförmig auf die Schüssel dressiert und an einen kühlen Ort gesetzt, damit er bis zum Servieren frisch bleibt. Man garniert die Schüssel mit Meraingues oder Biscuit.

Geschlagener saurer Rahm

Man nimmt drei Nösel dicken sauern Rahm, der aber nicht bitter schmecken darf, tut acht Loth gestoßenen Zucker dazu, und schlägt ihn zu einem dicken Schaum, wozu man eine gute Viertelstunde Zeit braucht. Man darf den dicken Rahm nicht zu lange schlagen, weil er leicht butterig wird. Man serviert ihn wie den vorhergehenden.

Crême Vierge. Jungfrauen-Creme

Man tut sechs Loth gestoßenen Zucker in drei Nösel süßen Rahm und läßt solchen unter beständigem Umrühren bis auf ein Maß einkochen, tut alsdann das zu Schnee geschlagene Weiße von drei Eiern dazu, und rührt ihn auf gelindem Feuer so lange, bis er anfängt, sich zu verdünnen; alsdann läßt man solchen durch ein nicht allzu feines Haarsieb laufen und in einer Compotschale erkalten.

Crême à la portugaise

Man nimmt sechs Eierdottern, rührt nach und nach ein Maß süßen Rahm dazu, und tut ein Viertelpfund Zucker, ein wenig Zimt und eine Citronenschale, so fein wie möglich abgeschält, dazu, läßt dieses so lange unter stetem Umrühren kochen, bis es anfängt, dicke zu werden; alsdann tut man die Citronenschale und den Zimt heraus, und füllt es in Schalen.

Crême à la Noaille

Ein Maß süßer Rahm wird gesotten, und alsdann vier Eßlöffel voll feines Mehl und das Abgeriebene einer Citrone auf Zukker dazu gerührt, daß es ein ganz dünner Brei werde. Wenn es erkaltet, so tut man vier Loth klar gehackte eingemachte Orangenschale, vier Loth gestoßne bittere Macaronen, vier Loth Biscuit, das Gelbe von acht Eiern und das zu Schnee geschlagene Weiße der Eier dazu, tut solches entweder in eine blecherne Form, welche man vorher mit Butter ausstreicht, oder auch in eine Schale von Porzellan, von welcher man versichert ist, daß sie nicht springt, und läßt solche bei gelindem Feuer ungefähr eine Stunde backen.

Crême à la Vanille

Man klopft eine Schale Vanille, schneidet sie in kleine Stückchen und läßt sie mit ein wenig Rahm aufkochen; alsdann tut man solche nebst zwei ganzen Eiern, vier Dottern und ein Viertelpfund Zucker in ein Maß Rahm, und schlägt alles mit dem Schlagbesen wohl durcheinander, gießt es durch ein Haarsieb in eine Compotschale und setzt diese in ein Casserolle mit kochendem Wasser; doch darf das Wasser nur etwas über die Hälfte der Compotiere reichen. Man deckt die Casserolle zu und tut etwas glühende Kohlen auf den Deckel, und läßt es eine gute Viertelstunde ganz langsam kochen.

Crême von Chocolade

Man reibt ein halbes Pfund Chocolade und läßt solche in drei Nösel Rahm aufkochen. Wenn dieses wieder kalt geworden, werden zwei ganze Eier und vier Dottern, zu Schaum geschlagen, nebst etwas Zucker darunter getan und übrigens wie bei dem Vorhergehenden verfahren.

Oeufs à la Neige. Eier-Schnee

Man schlägt das Weiße von zehn Eiern zu einem steifen Schnee, und tut alsdann ein Viertelpfund gestoßenen Zucker mit etwas getrockneten Orangenblüten oder abgeriebener Citronenschale dazu; alsdann wird ein Maß Milch in einem Topf oder Casserolle, welches wenigstens zwei Maß hält, gesotten, der Eierschnee löffelweise behutsam hinein getan und das Feuer weggenommen, damit er nur zitternd kocht. Nach einigen Minuten wendet man ihn um, und richtet ihn alsdann mit einem Schaumlöffel an. Die Milch, worin der Eierschnee gekocht worden, wird mit den zehn Eierdottern ablegiert, das heißt, die Dottern werden mit etwas kalter Milch und, wenn man will, mit einigen Löffeln voll Rosen- oder Orangenblütenwasser recht klar gequirlt, in die kochende Milch gerührt und unter beständigem Quirlen so lange auf dem Feuer gelassen, bis solche anfängt, dicklich zu werden (man darf sie aber nicht kochen lassen); alsdann läßt man sie kalt werden, und richtet sie über den Eierschnee an.

Citronen-Gelee

Drei Viertelpfund geraspeltes Hirschhorn wird recht rein abgewaschen und in drei Nösel Wasser ganz langsam drei bis vier Stunden gekocht, alsdann durch ein Haarsieb passiert, wo es ungefähr noch ein Maß bleibt. Man tut ein halb Pfund Zucker, worauf drei Citronen abgerieben, und drei zu Schnee geschlagene Eiweiß dazu und läßt es bei gelindem Feuer noch etwas aufwallen. Hierauf nimmt man es vom Feuer weg und tut ein Nösel Rhein- oder Franzwein nebst dem Safte von sechs Citronen dazu. Eine nicht zu dichte Serviette, welche man vorher noch in kaltem Wasser auswäscht, damit sie allen Seifengeschmack verliere, wird an die vier Beine eines umgewendeten Stuhles befestigt, ein porzellanenes Geschirr darunter gesetzt und das Gelee noch heiß auf diese Serviette gegossen. Da es bei dem ersten Mal Durchlaufen selten ganz hell wird, so muß man es zwei, auch drei Mal wiederholt durchlaufen lassen. Sollte es während dessen zu steif werden, so kann man es ein wenig wärmen. Beim letzten Mal Durchlaufen muß man es sogleich in die Schale oder Form, worinnen man es aufsetzen will, laufen lassen. Wenn man alles, wie es hier vorgeschrieben ist, beobachtet, so muß das Gelee so durchsichtig und hell wie Rheinwein sein.

Blanc Mangé

Man stößt und zupft drei Loth Hausenblase recht zart, und kocht solche mit einem Maß Wasser bis auf ein halb Nösel ein. Ein halb Pfund süße Mandeln und ein Loth bittere werden abgezogen, mit ein wenig Rahm recht fein gestoßen und nebst einem Maß süßen Rahm unter die gekochte Hausenblase getan. Man versüßt sie mit zehn bis zwölf Loth Zucker, läßt alles kochend heiß werden, und drückt es durch eine Serviette, füllt es in Formen oder Schalen und läßt es an einem kühlen Orte zu Gelée gerinnen.

Blanc Mangé von Lambertsnüssen

Dieses wird ganz auf dieselbe Art gemacht. Beide Sorten müssen so weiß wie Schnee aussehen, und daher auf das Sauberste zubereitet werden; auch hat man darauf zu sehen, daß die Hausenblase recht weiß und hell aussieht.

Rosen-Gelée

Dieses ist zwar ein sehr einfaches, aber äußerst wohlschmek-
kendes Gelee. Man tut zu dem Hirschhorn, welches, wie bei
dem Citronen-Gelee gemeldet, doch nur mit einem Maß Wasser
gekocht wird, ein Loth Tournesol, und läßt es mit dem geschlagenen Eiweiß und Zucker einmal aufwallen, damit es eine
schöne Röte bekommt. Man nimmt es alsdann vom Feuer und
tut ein halb Nösel von dem besten Rosenwasser nebst dem
Safte von sechs Citronen und einem Nösel Rheinwein dazu
und verfährt auf beschriebene Art.

Bagatelles

Man schlägt ein Maß süßen Rahm zu Schnee, wie bei dem
Crême fouettée beschrieben worden, besprengt ein Viertelpfund leichten Biscuit mit Maraschino, doch so, daß er durch
und durch feucht wird, tut alsdann eine Schicht Biscuit in eine
Compotschale, bedeckt solche mit geschlagenem Rahm, und
fährt so schichtenweise fort, bis man genug hat; doch muß der
geschlagene Rahm die Schale bedecken.

Glacirte oder überzogene Johannisbeeren

Man sucht, so viel man nötig hat, rechte schöne reife Trauben,
sowohl weiße als rote aus, wäscht solche, und läßt sie auf
einem Siebe wieder trocken werden, schwenkt sie in einem etwas großen Geschirr mit ein wenig geschlagenem Eiweiß
herum, so daß solche überall von dem Eiweiß angefeuchtet
werden. Hierauf wird fein gestoßener und gesiebter Kanarienzucker in einer Casserolle recht heiß gemacht und die Johan-
nisbeer-Trauben nach und nach darinnen herumgeschwenkt

(denn man darf nicht zu viel auf einmal hineintun), die nun ganz mit weißem Zucker überpudert scheinen. Man legt sie auf ein Sieb und läßt sie trocken werden.

Glacirte Erdbeeren

Die in frischem Wasser gewaschenen und auf einem Siebe wohl getrockneten Garten-Erdbeeren werden in ganz dünnem geläuterten Zucker herumgeschwenkt. Man muß diesen statt des Eiweißes wegen ihrer größeren Feuchtigkeit wählen. Übrigens verfährt man auf obige Art.

Glacirte Maronen

Hierzu wird ein Pfund Zucker zum Bruch gekocht. Man nimmt nämlich ein Pfund feinen Raffinat und ein Nösel Brunnenwasser, läutert ihn mit ein wenig Eiweiß und kocht ihn bei starkem Feuer in einer kupfernen verzinnten Casserolle. Die Probe, ob der Zucker gut sei, wird auf folgende Art gemacht: Man nimmt einen glatten Stock, taucht solchen erst in kaltes Wasser, dann in den Zucker und geschwind wieder in das Wasser; alsdann probiert man ihn zwischen den Zähnen. Wenn er kracht und sich nicht zähe an die Zähne hängt, so ist er gut; alsdann drückt man einige Tropfen Citronensaft hinein und glacirt die Maronen damit. Die Maronen werden vorher leicht gebraten, geschält und an hölzerne Spießchen gesteckt. Man tunkt sie in den Zucker, läßt sie abtröpfeln und dreht sie so lange ganz langsam herum, bis sie ein wenig erkaltet sind. Wenn der Zucker anfängt kalt zu werden, so muß man ihn unter öfterm Herumschütteln wärmen.

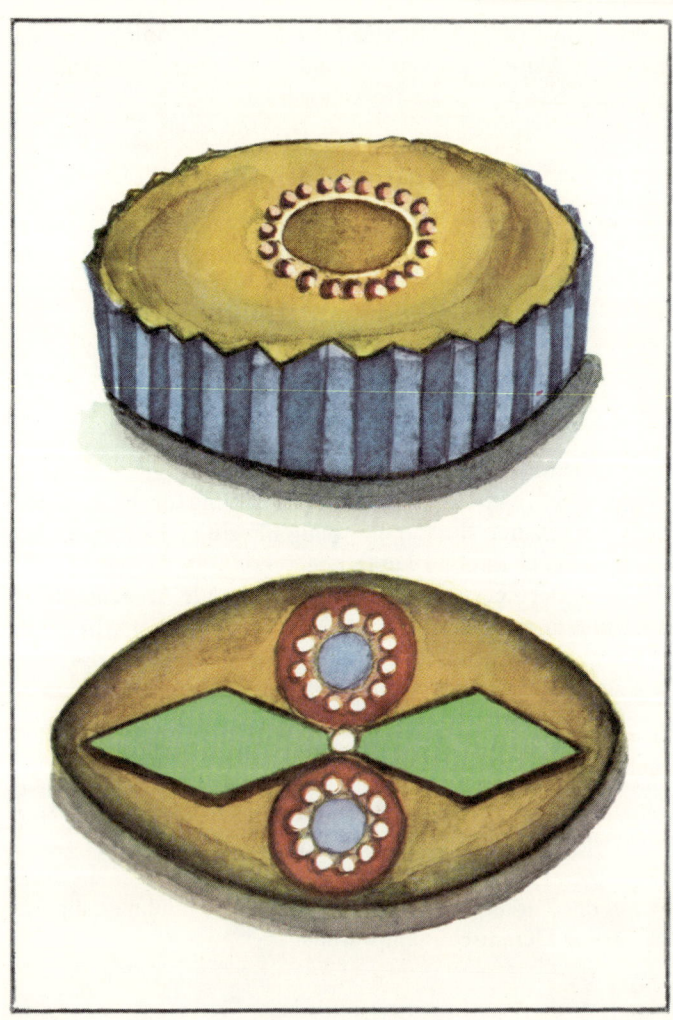

Nachstehende Backwerke, welche sich durch ihren Wohlgeschmack und ihr schönes Aussehen ganz dazu eignen, einem
vornehmen Zirkel serviert zu werden, können sämtlich in jeder gewöhnlichen Bratröhre, wenn selbige nur mit einem Rost
oder Unterschied von Blech versehen ist, mit gehöriger Auf-
merksamkeit gebacken werden. Ich werde bei jeder Sorte den
Grad der Hitze bestimmen, und überhaupt alles so deutlich
wie nur möglich machen, nur bitte ich um Verzeihung, wenn
manche unvermeidliche Wiederholung vorfallen sollte.

Portugiesische Kuchen

Man läßt ein Pfund frische Butter langsam zergehen, rühret
nach und nach fünf ganze Eier und vier Eigelb nebst drei Viertelpfund fein gesiebten Zucker und die abgeriebene Schale
einer Citrone darunter. Wenn die Masse anfängt, unter dem
Rühren schaumig zu werden, rührt man ein Pfund weißes,
trocknes, fein gesiebtes Mehl nach und nach darunter, dann
werden kleine Blechformen, wie man solche gewöhnlich zu Pa-
stetchen nimmt, mit zerlassener Butter vermittelst eines Pinsels leicht bestrichen, mit der Masse halb angefüllt, auf ein
Backblech gesetzt und eine halbe Stunde bei gelindem Feuer
gebacken.

Sandtörtchen

Dieses Backwerk hat viel ähnliches in der Bereitung mit dem
vorigen, ist aber deßwegen doch von ganz verschiedenem Geschmack. Man läßt ein Pfund frische Butter zerschmelzen, rühret nach und nach zwölf Eiergelb, das Abgeriebene einer Citrone und ein Pfund fein gesiebten Zucker darunter. Das

Eiweiß wird in einem Kessel oder Reibasch mit einem gewöhnlichen Schlagbesen von geschältem Birkenreisig zu einem steifen Schaum geschlagen und unter die Masse getan, zuletzt ein Pfund Mehl löffelweis darunter gerührt. Man bedient sich der nämlichen Formen, und verfährt bei dem Backen ganz so, wie bei dem vorigen. Jede dieser Massen gibt wenigstens sechzig bis siebzig Förmchen von gewöhnlicher Größe.

Anis-Strötzel

Vier ganze Eier und das Gelbe von acht Eiern werden in einem Kessel oder Reibeasch mit einem Pfund fein gestoßenem Zucker gut abgerührt. Hierauf tut man etwas gelesenen (gereinigten) und nach dem Waschen getrockneten Anis darunter und rührt nach und nach ein Pfund von dem feinsten, trockensten Mehl (denn von diesem hängt gewöhnlich die Güte dieses Backwerkes ab) dazu. Man bestreicht nunmehr ein gewöhnliches Backblech mit Butter, setzt die Masse in etlichen, etwa drei Querfinger breiten Striemen mit einem Löffel darauf, macht die Höhe der Masse mit einem breiten Messer, so viel wie möglich, egal, und läßt sie bei gelindem Feuer drei Viertelstunden backen. Das Backblech muß nach einer halben Stunde, aber nicht früher, umgedreht werden, in der Art, daß die Seite, welche die vorderste war, nach hinten zu stehen kommt. Dasselbe muß bei allen Backwerken, die auf einem Blech gebacken werden, geschehen; denn nie kann einer Back- oder Bratröhre ganz egale Hitze durch das Feuer mitgeteilt werden, weil dieses immer mehr nach der Hinterseite zieht. Wenn man dieses alles genau beobachtet und die Strötzel nach der vorgeschriebenen Zeit heraus nimmt, so müssen diese oben ganz glatt und glasiert, wie Biscuit, aussehen und dürfen nicht aufgesprungen sein. Man schneidet sie noch warm von dem Blech ab, und nachdem sie erkaltet, schneidet man solche quer durch, in Strötzel von beliebiger Dicke, legt sie auf Papier und röstet sie in der Röhre schön goldgelb. Diese Strötzel halten sich, wie Zwieback, mehrere Wochen.

Gateaux à la Prinzesse. Prinzessen-Törtchen

Man zerläßt ein Pfund frische Butter und rühret solche mit zwölf Eiergelb und einem Pfund fein gestoßenem Zucker recht schaumig. Ein halb Pfund süße Mandeln werden mit etwas Eiweiß in einem Mörser recht zart gestoßen, und mit der abgeriebenen Schale von sechs Citronen, zwei Loth gestoßenem Zimt, sechs Würznelken, einer halben Quente Kardemomen, auch einem Pfunde guten trocknen Mehls gerührt, so wie zuletzt von vier Eiern das Weiße zu Schnee geschlagen und darunter getan. Das Backblech wird mit Papier belegt und die Masse mit einem Löffel in kleine Häufchen von der Größe eines harten Guldens, doch nicht zu enge, aneinander darauf gesetzt, mit zerschlagenem Eiweiß mit einem Pinsel leicht bestrichen, mit Zucker und fein gehackten Mandeln bestreut und bei gelinder Hitze anderthalb Viertelstunden gebacken.

Gateaux d'Eveque oder Bischofs-Kuchen

Ein Pfund abgeklärte Butter wird in einem Asch mit fünfzig Eiergelb recht schaumig gerührt, doch so, daß jedes Dotter einzeln nach und nach darunter gerührt wird. Das Abgeriebene einer Citrone auf Zucker, eine halbe Quente gestoßene Muskatblumen wird hierauf dazu getan und zuletzt ein halb Pfund feines Mehl darunter gezogen. Man streicht kleine Förmchen mit Butter und bäckt sie bei gelindem Feuer. Sie müssen während des Backens oben etwas aufspringen.

Zuckerdeutchen

Man wiegt gestoßenen Zucker (wie fünf Eier schwer), tut solchen nebst dem Abgeriebenen einer Citrone in eine Schale und rührt nach und nach die fünf Eier darunter, und zuletzt so viel, als drei Eier schwer, feines Mehl. Man bestreicht ein Backblech mit Butter und setzt die Masse mit einem Eßlöffel in Häufchen darauf, welche man nachher so egal, wie möglich, ausbreitet, daß die Masse ungefähr einen Messerrücken dick verbleibt. Man bäckt sie hierauf ungefähr eine Viertelstunde bei etwas stärkerer Hitze als zum Biscuit, schneidet dann die, welche gut sind, von dem Blech ab, und dreht, noch warm, kleine Deutchen daraus, während die übrigen in der Röhre noch gar backen.

Petit Choux

Man gießt in eine Casserolle ein Nösel Wasser, tut dazu ein halb Pfund Butter, sechs Loth Zucker, das Gelbe von einer Citrone, läßt es einige Mal stark aufkochen, rührt alsdann auf gelindem Feuer drei Viertelpfund feines Mehl darunter, und fährt mit dem Rühren so lange fort, bis sich der Teig sowohl von der Casserolle als dem Löffel ablöst; alsdann tut man solchen in ein irdenes Gefäß, und wenn er hinlänglich abgekühlt ist, rührt man vier ganze und, je nachdem die Größe der Eier, vier oder fünf Dotter darunter. Man setzt mit dem Löffel runde Häufchen in der Größe eines halben Eies auf das Blech, bestreicht solche mit Eiergelb, welches man mit Wasser verdünnt, und bäckt sie in einer mittelmäßig heißen Röhre, damit sie gut in die Höhe gehen, eine Stunde. Sie müssen oben aufgesprungen und von schöner hochgelber Farbe sein. Noch ist zu bemerken, daß das Blech nicht verrückt werden darf.

Wein-Crême zu Petit Choux

Man tut ein Nösel Rheinwein in eine Casserolle, nebst einem
Viertelpfund Zucker und dem Abgeriebenen einer Citrone,
schlägt fünf ganze Eier und fünf Dotter hinein, und schlägt
solche mit dem Schlagbesen so lange, bis alles in einem dicken
Schaum in die Höhe steigt; alsdann nimmt man es augenblick-
lich vom Feuer, damit es nicht koche, und läßt den Crême erst
abkühlen, ehe man die Petit Choux damit farcirt.

Wein-Hippchen. Tourons

Von vierzehn Eiern wird das Weiße zu Schaum geschlagen,
alsdann ein Pfund Zucker gestoßen, worauf man vorher das
Gelbe einer Citrone abgerieben hat, und zuletzt drei Viertelpfund feines Mehl nach und nach darunter gerührt, auch sechs
bis acht Tropfen feines Bergamotteöl darunter getan. Diese
Masse wird in zwei fingerbreiten Striemen auf ein mit Butter
bestrichenes Blech gestrichen und eine Viertelstunde rasch gebacken, alsdann abgeschnitten und noch warm über einen fin-

gerdicken runden Stock gewickelt, wie ein gerollter Hobel-
span.

Londner Kümmel-Küchelchen

Man nimmt drei Viertelpfund Mehl und ein halb Pfund gestoßenen Zucker auf eine Backtafel, rührt es mit einem ganzen Ei
und einem Eigelb zusammen, als wenn man Nudeln machen
wollte, pflückt ein halb Pfund Butter in Stücken darunter, tut
ein Loth gewaschenen und wieder getrockneten reinen Kümmel dazu, und arbeitet es zu einem Teig. Diesen nun treibt
man messerrückendick, jedoch so egal, wie möglich, aus,
schneidet mit dem Backrädchen viereckige Küchelchen von
der Breite eines Kartenblattes heraus, tut solche auf ein mit Papier belegtes Backblech, und bäckt eine gute Viertelstunde bei
mäßiger Hitze, bis sie schön goldgelb sind.

Mazarines

Man stößt ein halb Pfund geschälte Mandeln mit zwei ganzen
Eiern, rührt ein Pfund ungesalzene Butter mit zwölf Eiergelb zu
Schaum, tut drei Viertelpfund gestoßenen Zucker, vier Loth
kleingeschnittenes Citronat, die abgeriebene Schale von einer
Citrone, ein Nösel sauern Rahm nebst einem Pfund Mehl darunter, rührt dieses unter die gestoßenen Mandeln, schlägt das
Weiße von den zwölf Eiern zu Schnee und rührt es ebenfalls
darunter, füllt sie in Formen, die vorher mit Butter bestrichen
sind, und bäckt sie bei gelindem Feuer.

Hirsch-Zungen

Das Weiße von zwölf Eiern wird zu starkem Schnee geschlagen, dann ein Pfund feiner Zucker, das Abgeriebene einer Ci-

trone und ein Pfund feines Mehl darunter gerührt. Die Masse wird auf Kupferblechen, welche man mit Butter leicht bestreicht, vermittelst eines Eßlöffels in der Form leichten Biscuits, das heißt, in der Mitte schmal und an beiden Enden breiter, aufgesetzt, und bei mittelmäßiger Hitze gebacken; wenn sie gut sind, drückt man sie über ein rundes Holz, damit sie gekrümmt bleiben.

Maltheser-Kuchen. Gateaux de Malthe

Ein halb Pfund schöne süße Mandeln werden mit etwas Eiweiß recht zart gestoßen, alsdann nebst einem halben Pfund gestoßenen Zucker mit sechzehn Eiergelb eine halbe Stunde recht gut gerührt, die abgeriebene Schale einer Citrone und vier Loth zerlassene Butter dazu getan, zuletzt ein halb Pfund feines Mehl und das von acht Eiern zu Schnee geschlagene Eierweiß langsam darunter gerührt und in gewöhnlichen kleinen Formen eine halbe Stunde langsam gebacken.

Hannöversche Küchelchen

Man rührt ein Pfund gut abgeklärte Butter und ein Pfund fein gestoßenen Zucker mit sechzehn Eiergelb zu Schaum, tut das Abgeriebene einer Citrone dazu, und rührt nun erstlich zwölf Loth als die Hälfte des gehörigen Mehls, und eben so die Hälfte der zu Schnee geschlagenen sechzehn Eiweiß langsam darunter, alsdann nimmt man die übrigen zwölf Loth Mehl, rührt sie ebenfalls darunter, und zuletzt die andere Hälfte des Eierschnees. Dieses Verfahren ist unumgänglich nötig. Diese Masse füllt man entweder in papierne Kapseln, wie den Biscuit, oder auch in blecherne, von der nämlichen Form; jedoch dürfen beide nur halb voll gemacht und letztere mit Butter leicht ausgestrichen werden, denn die Masse steigt. Dieses Backwerk wird bei mäßiger Hitze ungefähr drei Viertelstunden gebacken, und wo möglich die Röhre in dieser Zeit nicht geöffnet.

Ulmer Brot

Von zehn Eiern wird das Weiße zu einem steifen Schnee geschlagen, dann die Dottern nebst einem halben Pfund Zucker hinzu getan, und nun die Masse auf einem schwachen Kohlenfeuer warm geschlagen, bis solche recht ausquillt; dann wird zwölf Loth feines Mehl und eine Muskatnuß darunter getan und wieder kalt geschlagen. Die Masse wird auf lange Streifen Oblate mit einem Messer aufgestrichen, mit recht fein geschnittenen Mandeln bestreut, mit Zucker gepudert und bei etwas raschem Feuer gebacken.

Berliner Zuckerbogen

Ein Pfund Zucker, ein Pfund feines Mehl wird mit sechs ganzen Eiern zu einer Masse wie zu Anis-Küchelchen gearbeitet und etwas Citronenschale und Orangenblüten darunter getan. Diese Masse wird auf Butterpapier einen guten Messerrücken dick gestrichen, eine Viertelstunde langsam gebacken, dann in drei Finger breite Striemen geschnitten und noch warm über ein rundes Holz von der Dicke einer starken Wachskerze gebogen.

Meraingues

Das Weiße von zwölf Eiern wird zu einem recht steifen Schnee geschlagen, dann drei Viertelpfund fein gestoßener und gesiebter Zucker und das Gelbe von einer Citrone so behutsam wie möglich darunter gerührt, alsdann mit einem Löffel in runde oder ovale Häufchen, von der Größe einer welschen Nuß, auf Papier gesetzt, mit gestoßenem Zucker besiebt und äußerst langsam gebacken. Doch läßt sich hier keine Zeit bestimmen: denn die Meraingues müssen mehr trocknen als backen. Auch kann man statt der abgeriebenen Citrone eine Quente Vanille, welche man mit etwas Zucker recht fein stößt, dazu tun. Dieses Backwerk hält sich geraume Zeit; doch muß es durchaus an einem warmen trocknen Orte verwahrt werden.

Meraingues Liquide

oder sogenannte Baisers, werden ganz auf obige Art gemacht, aber statt des mit Papier belegten Backblechs müssen solche auf einem reinen gehobelten Brette gebacken werden, damit

die Hitze mehr von oben wirkt. Sobald sie anfangen, Couleur wie der Biscuit zu bekommen, so tut man solche aus der Röhre, und nimmt mit einem Teelöffel die inwendige, noch feuchte Masse heraus, und läßt solche bis zu der Zeit, wo man servieren will, an einem warmen, trocknen Orte stehen und füllt sie alsdann entweder mit eingemachtem oder mit geschlagenem süßen Rahm, und legt zwei und zwei zusammen, daß die gebackene Seite heraus kommt; doch müssen sie alsdann sogleich verspeist werden, weil sie sich nicht halten.

Wiener Eisbogen

Ein halb Pfund Zucker wird mit fünf Eiern und dem Abgeriebenen einer Citrone gut gerührt, ein halb Pfund feines Mehl nach und nach darunter gezogen und alsdann die Masse auf ein mit Butter leicht bestrichenes Backblech einen guten Messerrücken dick gestrichen, mit fein geschnittenen Mandeln bestreut und langsam eine gute Viertelstunde gebacken, sodann in drei Finger breiten Striemen noch heiß abgeschnitten und geschwind über ein rundes Holz gebogen, ehe sie erkalten: denn sonst springen sie.

Mandel-Späne

Drei Viertelpfund süße und ein Viertelpfund bittere Mandeln werden mit vier Eierweiß recht klar gestoßen und mit drei Viertelpfund gestoßenem Zucker, worauf eine Citrone abgerieben, nebst dem Schnee von sechs Eiern, gut untereinander gerührt. Ein Backblech wird mit Butter leicht bestrichen, die Masse einen Messerrücken dick darauf gesetzt, mit etwas gehackten Pistazien bestreut und bei sehr mäßiger Hitze gebacken, dann in fingerbreiten Striemen heiß abgeschnitten und

---

über einen runden Stock gewickelt, um diesem Backwerk die Gestalt eines Hobelspans zu geben.

Franz-Kollatschen

Man rührt drei ganze Eier und drei Dotter mit einem halben Pfund zerlassener Butter und eben so viel gestoßenem Zucker zu Schaum, tut vier Loth recht zart gestoßene bittere Mandeln dazu und zuletzt achtzehn Loth feines Mehl. Nach diesem rührt man drei Mundlöffel guten Franzbranntwein dazu und verfährt, wie oben gemeldet.

Mandel-Kollatschen

Ein halb Pfund Butter, ein halb Pfund Zucker, vier Loth bittere Mandeln, welche man mit etwas Eiweiß recht zart gestoßen hat, vier ganze Eier und das Abgeriebene einer Citrone wird zusammen eine halbe Stunde gut gerührt, daß es recht schaumig wird, alsdann drei Viertelpfund feines Mehl darunter gezogen. Von dieser Masse werden Häufchen auf ein mit Papier belegtes Blech gesetzt, mit länglich geschnittenen Mandeln bestreut und eine halbe Stunde langsam gebacken.

Vanille-Nüßchen

Ein Pfund feiner Zucker wird gestoßen und durch ein Sieb passiert, alsdann mit dem Eiweiß von vier Eiern und dem Safte von zwei Citronen, auch etwas ganz fein gestoßener Vanille zu einem Glace gerührt, mit einem Spadel ganz kleine runde Plätzchen auf Papier gesetzt und bei ganz schwachem Feuer gebacken.

GLASUR FÜR BACKWERKE UND TORTEN
Weiße Glace

Man nimmt, wenn man nur eine Torte von gewöhnlicher Größe glasieren will, ein Viertelpfund ganz feinen Kanarienzucker, stößt und siebt solchen durch ein feines Haarsieb, und rührt ihn mit einem Eiweiß und dem Saft einer halben Citrone zu einem Brei. Je länger man rührt, desto weißer wird die Glasur. Alsdann bestreicht man mit einem Messer die Torte mit dieser Glace, und belegt nach Belieben mit Citronat, eingemachten Orangenschalen, Reine Claudes, eingemachten Nüssen u. dgl., oder bestreut sie in artigen Figuren mit Nonpareille (buntem Streuzucker), und setzt dann die Torte in eine mäßig warme Röhre, um sie zu trocknen. Überhaupt muß man alles, was man mit Glasur überziehen will, nicht außer der Röhre trocken werden lassen, sonst bekommt es keinen Glanz und wird trübe.

Chocoladen-Glace

Man reibt die Chocolade auf einem Reibeisen recht fein, tut eben so viel fein gestoßenen Zucker dazu, und rührt solche ebenfalls mit Eiweiß zu einem Brei, nur darf kein Citronensaft dazu kommen. Übrigens verfährt man wie beim vorigen.

Glace à la Rose

Man rührt den fein gesiebten Kanarienzucker, anstatt des Eiweißes, mit recht gutem Rosenwasser an, und färbt solchen mit ein wenig Karmin rosenfarben. Diese, so wie die Chocoladen-Glasur, wird mehrenteils nur zu kleinem Backwerk gebraucht; auch muß man einige Teelöffel voll zum Flug gekochten Zukker unter diese Glasur tun.

Kapsel-Biscuit

Man schlägt das Weiße von zwanzig Eiern mit einem Schlagbesen von geschältem Birkenreisig zu starkem Schnee, tut das Gelbe von diesen zwanzig Eiern nebst einem Pfund gestoßenen Zucker dazu und schlägt es auf gelindem Kohlenfeuer, bis die Masse dick wird. Alsdann hebt man ab und fährt mit Schlagen fort, bis solche wieder kalt ist; rührt ferner ein Pfund feines, wohl getrocknetes und gesiebtes Mehl dazu, und füllt es in die mit Butter leicht bestrichenen Kapseln von der Größe eines Kartenblattes, besiebt sie mit gestoßenem Zucker, und bäckt sie bei mittelmäßigem Feuer ungefähr anderthalb Viertelstunden. Sobald sie gebacken, tut man solche aus den Formen heraus und legt sie auf ein Haarsieb oder Papier.

Chocoladen-Biscuit

Zwölf Eierdottern, ein halb Pfund Zucker und sechs Loth fein gesiebte Chocolade wird eine gute Viertelstunde wie gewöhnlich gerührt, sodann zwölf Loth feines Mehl nach und nach darunter getan und zuletzt das Weiße der zwölf Eier zu Schnee geschlagen und langsam darunter gezogen. Man füllt diese Masse ebenfalls in Kapseln.

Biscuit à la Portugaise

Ein halbes Pfund geschälte süße Mandeln werden mit etlichen ganzen Eiern recht zart gestoßen, hierauf ein halb Pfund zerlassene Butter mit zehn Eiergelb und einem halben Pfund gestoßenem Zucker recht schaumig gerührt und die gestoßenen Mandeln dazu getan. Das Weiße der zehn Eier wird zu starkem Schnee geschlagen und nebst vier Loth feinem Mehl und etwas gestoßenem Zimt nach und nach darunter gerührt; auch kann man etwas Orangenblüten oder einige Tropfen Orangenblütenöl dazu tun. Diese Masse wird ebenfalls in Kapseln gefüllt, mit Zucker besiebt und wie die vorhergehende gebacken.

Biscuit à l'anglaise

Ein halb Pfund zerlassene Butter wird mit acht Eiergelb und einem halben Pfund Zucker zu Schaum gerührt, alsdann ein Viertelpfund recht rein gewaschene und wieder gut getrocknete kleine Rosinen (Corinthen) dazu getan, auch etwas Muskatnuß hineingerieben, das Weiße der acht Eier zu Schnee geschlagen und nebst einem halben Pfund Mehl langsam darunter gezogen. Man füllt die Masse in Kapseln, besiebt sie mit gestoßenem Zucker und bäckt sie wie die vorigen.

Runde Carlsbader Biscuit

Man rührt das Gelbe von zwölf Eiern mit einem halben Pfund gestoßenem Zucker, bis es weiß und schaumig wird. Das Weiße der Eier wird zu Schnee geschlagen und nebst zwölf Loth Stärkemehl darunter gerührt, alsdann ein Backblech mit Papier belegt, die Masse in Häufchen von der Größe eines halben Eies darauf gesetzt, mit gestoßenem Zucker besiebt und eine Viertelstunde bei gelindem Feuer gebacken.

Königs-Kuchen

Ein halb Pfund süße und vier Loth bittere Mandeln werden mit zwei ganzen Eiern recht zart gestoßen und mit achtundzwanzig Eierdottern und ein und einhalb Pfund fein gesiebtem Zucker ungefähr eine halbe Stunde recht gut gerührt, alsdann zwei Pfund frische zerlassene Butter nach und nach darunter getan und noch eine Weile gerührt. Die abgeriebene Schale von zwei Citronen, ein halb Loth Zimt, eine Quente Muskatblüten, etwas trockne Orangenblüten, oder statt dessen eine Schote Vanille und ein und einhalb Pfund feines Mehl wird nach und nach dazu gerührt, und zuletzt das Weiße der achtundzwanzig Eier zu Schnee geschlagen und langsam darunter gezogen. Zum Backen gehört eine runde blecherne Form mit einem glatten, gute drei Querfinger hohen Rande. Diese Form wird mit Butter leicht ausgestrichen und von der Masse so viel hinein getan, daß der Boden einen kleinen Finger dick damit bedeckt wird; alsdann wird diese Form auf eine gewöhnliche kupferne Tortenpfanne gesetzt und auf einem nicht allzu hohen Dreifuß über eine mit Asche untermischte Kohlenglut gesetzt. Oben wird die Form mit einem Deckel von Eisenblech, der um einen Zoll größer wie die Form und ebenfalls mit einem Rande versehen ist (im Notfall kann man den umgewendeten Deckel eines Dämpftopfes nehmen), zugedeckt und glühende Kohlen darauf getan, damit die erste Schicht der Masse sowohl von unten als oben backen kann. Ist diese gar, so wird wieder von der Masse darauf getan, wie das erste Mal, die Hitze aber unten vermindert, und bei dem dritten Mal Auftragen darf nur noch die heiße Asche unter der Tortenpfanne sein; oben aber muß solche stets egal erhalten werden, bis der Kuchen durch das wiederholte Auftragen in die Höhe kommt. Denn je höher er kommt, desto schwächer muß man die Hitze machen, damit jeder Aufguß zwar gut durchbäckt, aber nicht verbrennt. Je mehrmals man auftragen kann, desto schöner wird der Kuchen; nur muß in Obacht genommen werden, daß jedes Mal Auftragen gut und egal goldgelb bäckt; denn der Kuchen darf, wenn er zerschnitten wird, weder talkige noch

schwarze Stellen haben, sondern muß wie ein gestreiftes Band
aussehen.

Runde englische Biscuit. Round Cakes

Man nimmt Zucker von der Schwere von fünfzehn Eiern und
eben so viel feines trocknes Mehl, schlägt das Weiße der Eier
zu Schnee, tut die Dotter nebst dem gestoßenen Zucker dazu
und peitscht diese Masse wohl durch. Hierauf rührt man das
Mehl und etwas ausgelesenen Kümmel dazu, formt sie, wie die
vorigen, rund, besiebt solche mit Zucker und bäckt sie bei gelindem Feuer. Wenn sie kalt sind, so röstet man sie auf der andern Seite, indem man sie, umgewendet, noch ein Weilchen in
die Röhre stellt.

Spieß-Kuchen oder Baum-Kuchen

Die Masse dieses vortrefflichen Backwerks ist fast dieselbe, wie
für Königs-Kuchen, und nur das Verfahren bei dem Backen er-
teilt ihm einen eigenen Wohlgeschmack und gefälliges Ansehen.
Zwei Pfund sehr gute frische Butter wird zu Schaum gerührt
und nach und nach dreißig Eiergelb und anderthalb Pfund gestoßener Zucker sowie zwei Pfund feines Mehl darunter gezogen und beinahe eine Stunde gerührt, alsdann die abgeriebene
Schale von drei Citronen, ein Loth Zimt, ein halb Loth Nelken,
eine Muskatnuß, eine halbe Quente Muskatblüten, vier Loth
ganz fein geschnittenes Citronat und das zu Schnee geschlagene Eiweiß dazu getan. Der Kuchen wird auf folgende Art gebacken: Man nimmt dazu ein dreiviertel Ellen langes, in Form
eines Zuckerhutes oder zugespitzten Kegels gedrehtes buche-
nes Stück Holz, welches unten fünf und einen halben Zoll

breit und oben drei und ein Viertelzoll im Durchschnitt hat, so daß sich der Kegel zwei und einen Viertelzoll verjüngt, oder von unten bis oben abnimmt. Durch die Mitte geht der Länge nach ein Loch, durch welches man einen gewöhnlichen Bratspieß steckt und oben und unten mit hölzernen Keilchen fest

verkeilt; doch muß dieses mit Accuratesse geschehen, damit der Kegel nicht schwanken kann, weil sonst der Kuchen nicht egal backen würde. Um diesen Baum oder Kegel schlägt man zwei Bogen weißes Papier so glatt wie möglich, wickelt Bindfaden ganz fest und dicht darum, ein Faden an den andern. An beiden Enden des Kegels müssen Stifte eingeschlagen sein, um die Enden des Fadens fest anzuschleifen; dann legt man den Spieß auf die Böcke zum Feuer, welches von hartem, dürrem, klein gemachten Holze sein muß, damit man es nach Gefallen stark und schwach machen kann. Das Papier läßt man heiß werden und begießt es zuerst mit zerlassener Butter; dann nimmt man etwas von der Masse und trägt den ersten Guß so egal wie möglich, ungefähr einen kleinen Finger dick, auf. Hierbei muß etwas geschwind gedreht werden, welches man auch bei den übrigen Aufgüssen zu beobachten hat. Unter den Kegel wird eine Bratpfanne gesetzt, damit die ablaufende Masse hineinlaufen kann, welche man dann wieder unter die übrige rührt. Wenn der erste Guß gerät, so bildet er von selbst kleine Zacken, welche immer größer werden und dem Kuchen ein schönes Ansehen geben. Wenn der erste Guß gut egal goldgelb gebacken ist, so wird der zweite eben so sorgfältig aufgetragen.

Alsdann wird unter die Masse ein Nösel zu Schnee geschlagener saurer Rahm gerührt und mit dem Aufgießen fortgefahren, bis die Masse alle ist, welche man, im Fall solche zu steif würde, nur an die Wärme setzen darf, wo sie gleich wieder flüssig wird. Zuletzt bäckt man den Kuchen bloß bei Kohlen und läßt ihn recht austrocknen, begießt ihn einmal mit Butter und bestreut ihn mit Zucker und Zimt; doch kann letzterer, wenn der Kuchen ohnedies eine gute Farbe hat, weggelassen werden. Um den Kuchen von dem Kegel zu nehmen, muß derselbe noch so lange am Spieße, doch nicht am Feuer bleiben, bis man den Bindfaden unter Herumdrehen von innen heraus gewickelt hat. Der Spieß wird alsdann herausgezogen und der Kuchen hebt sich sehr leicht ab.

NB. Die Person, welche den Kuchen dreht, darf solchen durchaus nicht schleudern, sondern muß immer egal nach dem Feuer zu drehen, sonst wird der Kuchen nicht egale Stücke bekommen, und auch nicht gleichmäßig backen.

Mandel-Torte

Man nehme zwanzig Eier, und von diesen bediene man sich vier Eiweiß, um ein Pfund geschälte Mandeln, worunter vier Loth bittere sind (und welche, wohl gemerkt, nach dem Schälen wieder getrocknet werden müssen), recht fein zu stoßen; alsdann tut man solche in einen Reibasch, nebst einem halben Pfund gestoßenen Zucker, dem Abgeriebenen einer Citrone oder etwas trockenen Orangenblüten und rührt die zwanzig Eiergelb darunter. Nachdem diese Masse beinahe eine Stunde gerührt worden, tut man das zu Schnee geschlagene Eiweiß nebst acht Loth feiner Semmelkrume dazu, rührt es langsam darunter und füllt solche in eine mit Butter ausgestrichene gewöhnliche Tortenform und bäckt sie zwei Stunden bei mittelmäßigem Feuer. Um sich zu überzeugen, ob die Torte ausgebacken sei, macht man die Probe folgendermaßen: Man sticht mit einem dünnen geschälten Hölzchen auf zwei Seiten in die Mitte der Torte, und zieht alsdann das Hölzchen durch die Finger. Wenn es noch teigig und klebrig ist, so läßt man sie noch ein wenig stehen, tut sodann einen Bogen Papier auf ein umgewendetes Haarsieb, stürzt die Torte darauf und läßt sie kalt werden, legt wieder einen Bogen Papier darauf, stürzt auf das äußere Teil eines Haarsiebes die Torte, und setzt solche noch ein wenig in die Röhre.

Torte von Lambertsnüssen. Tourte d'Avellines

wird ganz auf dieselbe Art gemacht, nur müssen die Kerne der Lambertsnüsse ein Weilchen in die Röhre gelegt werden, damit die braune Rinde abspringe, und dann nochmals geröstet werden.

Chocoladen-Torte

Man stoße ein Pfund geschälte Mandeln mit vier ganzen Eiern recht zart, reibe zwölf Loth gute Chocolade auf einem Reibeisen, schlage das Weiße von achtzehn Eiern zu Schnee, tue das Gelbe nebst drei Viertelpfund gestoßenem Zucker dazu, und schlage es noch ein kleines Weilchen. Alsdann rührt man diese Masse nach und nach unter die gestoßenen Mandeln und Chocolade, damit es nicht klümpig wird, tut noch zwei bis drei Eßlöffel voll gesiebtes Mehl und ein halb Loth gestoßenen Zimt dazu und füllt sie in die mit Butter ausgestrichene Form.

Biscuit-Torte

Ein Pfund gestoßener Zucker wird mit achtzehn Eierdottern so lange gerührt, bis es weiß und schaumig ist. Man tut hierauf das Abgeriebene einer Citrone dazu, und rührt nach und nach ein Pfund feines, wohl getrocknetes und gesiebtes Mehl darunter. Das Weiße der Eier wird zu starkem Schnee geschlagen und ebenfalls darunter gerührt; doch ist zu bemerken, daß man erst die Hälfte des Mehls, dann die Hälfte des Eierschnees, und hernach die zweite Hälfte des Mehls, und zuletzt den übrigen Eierschnee darunter rühren muß. Auch kann man statt des gewöhnlichen Mehls Stärkemehl oder Kartoffelmehl nehmen; weil dieses aber spröder ist, so darf man nur drei Viertelpfund statt eines ganzen Pfundes nehmen. Auch muß als-

dann der Saft einer Citrone unter die Masse gedrückt werden. Bei dem Backen verfährt man eben so, wie bei der Mandeltorte.

Brot-Torte

Man schneidet wohlgebacknes schwarzes Brot in dünne Scheiben, trocknet solche in der Röhre, damit sie sich stoßen und durch ein Haarsieb sieben lassen. Von diesem durchgesiebten Brot wiegt man drei Viertelpfund; ein Viertelpfund Mandeln werden mit der Schale gestoßen und durch einen Durchschlag mit engern Löchern gerieben; alsdann rührt man zwanzig Eierdottern mit drei Viertelpfund gestoßenem Zucker zu Schaum, tut dann die Mandeln, zwölf gestoßene Würznelken, eine halbe Muskatnuß, ein halb Loth Zimt, etwas Kardemomen und ein wenig Anis, desgleichen vier Loth eingemachte Orangenschalen und vier Loth geschnittenes Citronat darunter, und rührt es nebst den zu steifem Schnee geschlagenen zwanzig Eierweiß wohl durcheinander, und zuletzt wird das Brot nach und nach darunter gezogen. Man füllt diese Masse in eine gewöhnliche Tortenform, und bäckt solche bei gelindem Feuer zwei Stunden, wie Biscuit.

Sand-Torte oder Gateau de Compiegne

Ein Pfund wohl abgeklärte Butter wird mit sechzehn Eierdottern recht schaumig gerührt, wozu eine gute halbe Stunde erforderlich ist; alsdann wird das Abgeriebene einer Citrone, zwölf gestoßene Nelken, eine halbe Muskatnuß, ein halb Loth Zimt, ein Pfund gestoßener Zucker und ein Pfund Mehl unter beständigem Rühren nach und nach dazu getan, zuletzt das zu Schnee geschlagene Eierweiß langsam darunter gezogen.
Um diesem wohlschmeckenden und beliebten Backwerk ein

schöneres und weniger gemeines Ansehen zu geben, habe ich mir folgende wohlfeile und mit Beifall aufgenommene Form machen lassen, welcher man sich auch zu Brot- und Mandeltorten bedienen kann. Diese Form besteht aus neun blechernen viereckigen flachen Kästen, von denen das unterste, als das größte, neun Zoll im Quadrat hat. Sie sind jedes ein Zoll hoch, der Rand ein wenig auswärts gebogen, damit das Backwerk leichter heraus gehe. Jedes der übrigen nimmt an Größe etwas ab, so, daß wenn sie angefüllt übereinander gesetzt werden, solche eine ägyptische Pyramide bilden; das letzte, welches die Spitze der Pyramide macht, ist nach diesem Maßstabe vom Klempner leicht zu verfertigen. Zugleich läßt an sich einen Reif von Blech machen, um diese kleine Form in der Röhre auf dem spitzigen Teil hineinstellen zu können, daß sie nicht umfalle. Diese Formen werden leicht mit Butter ausgestrichen und beinahe ganz mit der Masse angefüllt, welche nur wenig steigt, alsdann sämtlich nebeneinander auf ein Backblech gesetzt, doch so, daß zwischen jeder ein kleiner Raum bleibt, und ungefähr drei Viertelstunden bei gelindem Feuer gebakken. Man stürzt die Formen noch warm auf Papier, läßt sodann die Torten verkühlen, bestreicht die obere Seite einen guten Messerrücken dick mit Marmelade von Kirschen, Johannisoder Himbeeren, und setzt solche übereinander, indem man an den Stellen, welche ein wenig vorspringen, noch nachhilft, daß man den Rand gerade schneidet.

Geschlagene Waffeln. Gauffres à la Reine

Ein halb Pfund zerlassene Butter wird mit zwölf Eierdottern zu Schaum gerührt, ein Viertelpfund feines Mehl nach und nach darunter gezogen, das Eiweiß zu Schnee geschlagen und nebst einem Nösel dicken sauren Rahm, welchen man ebenfalls zu Schnee schlägt, darunter getan. Das Waffeleisen wird heiß gemacht, mit einer Speckschwarte ausgestrichen, wieder sauber abgetrocknet und die Waffeln wie gewöhnlich gebakken, doch darf das Eisen nur zur Hälfte mit der Masse angefüllt werden, weil diese steigt. Die Waffeln werden noch warm mit Zucker gut bestreut.

Ordinaire Hefen-Waffeln

Ein Nösel süßer Rahm oder Sahne wird mit fünf ganzen Eiern, eben so viel Eierdottern und einem halben Bierglas gute Hefen in einem Topfe wohl durcheinander gequirlt, ein Pfund Mehl in eine Schüssel getan und damit angerührt, drei Viertelpfund zerlassene Butter langsam darunter gerührt, zuletzt zwei Löffel voll guter Franzbranntwein und etwas Zimt hinein getan, und wenn es ein wenig aufgegangen ist, wie gewöhnlich gebakken.

Zimt-Waffeln

Zuerst wird ein halb Pfund Butter zu Schaum geschlagen und sechs ganze Eier nach und nach dazu gerührt, dann ein halb Pfund Zucker und zwei Loth ganz fein gestoßener Zimt, zuletzt drei Viertelpfund ganz feines Mehl darunter gezogen und in der Waffelform gebacken.

Hohllippen

Vier Loth Butter wird mit zwei Eiern und vier Eiergelb schaumig gerührt, dann ein Viertelpfund Zucker, worauf eine Citrone abgerieben, etwas Muskatblüten, Zimt, Anis und Koriander, alles recht fein gestoßen, nebst einem halben Pfund feinem Mehl darunter gerührt. Man verdünnt diese Masse mit einem Nösel Rahm, Wein, Milch oder Wasser, und darf solche nicht dicker wie bei Eierkuchen sein. Das Hippeneisen wird auf beiden Seiten heiß gemacht und mit Speck bestrichen. Man gießt einen Löffel von der Masse darauf, dreht es etliche Male auf dem Feuer herum; schneidet die herausgetretene Masse mit dem Messer rings herum ab, bäckt sie bei gelindem Feuer hellgelb, und wickelt sie noch warm um einen hölzernen Stock.

BACKWERKE AUS SCHMALZ
Spritzgebacknes oder Spritzkuchen.
Beignet à la trinssure

Ein Nösel Wasser, ein Viertelpfund Butter, das Gelbe von einer Citrone auf vier Loth Zucker gerieben, nebst einem Stück Zimt, läßt man in einer Casserolle aufkochen, rührt drei Viertelpfund fein gesiebtes Mehl hinein und fährt damit fort, bis der Teig so steif wird, daß er sich von der Casserolle ablöst; alsdann nimmt man solchen von dem Feuer weg und rührt, nachdem er verkühlt, nach und nach acht ganze Eier und vier Dotter hinein. Die Masse wird in eine Spritze gefüllt, und wenn die Schmalzbutter recht heiß ist, so drückt man die Kuchen in die Runde hinein, bäckt sie schön hellgelb, legt sie auf Papier und bestreut sie mit Zucker und Zimt.

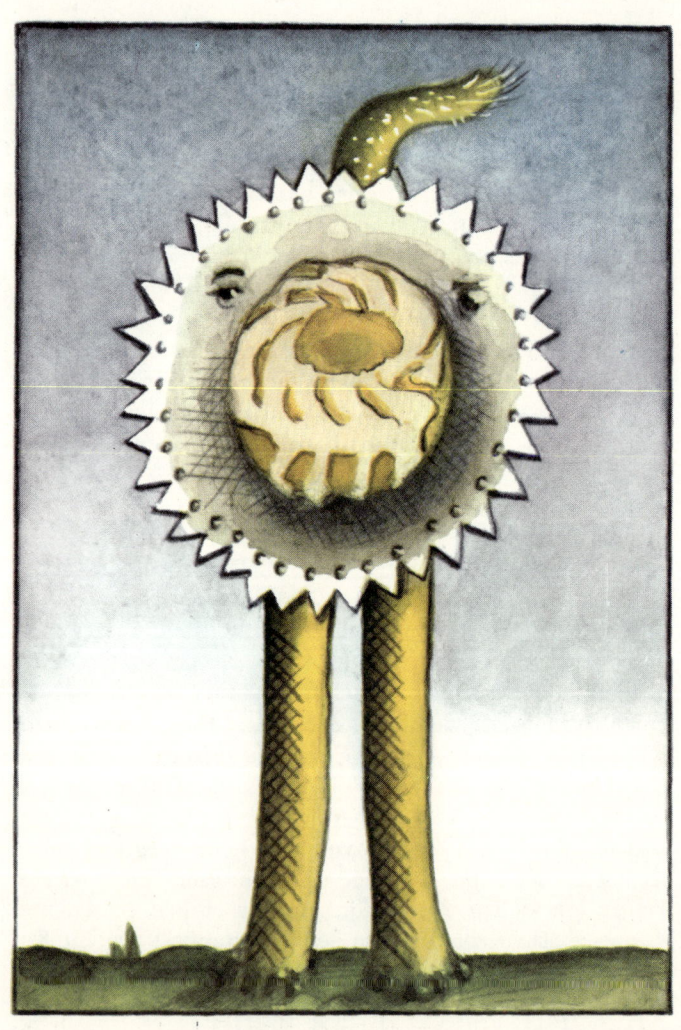

Schneeballen

Hierzu wird ganz dieselbe Masse verfertigt, aber anstatt den Teig durch die Spritze zu treiben, taucht man einen Löffel in die heiße Schmalzbutter und sticht damit so viel wie eine welsche Nuß von der Masse aus und bäckt sie in dem Schmalze unter öfterm Herumrütteln, damit dieses nicht verbrenne, so geschwind wie möglich aus, und bestreut sie noch heiß mit Zucker und Zimt.

Englische Schnitte

Man rührt ein gutes halbes Pfund feines trockenes Mehl mit sechzehn Eiern und so viel süßem Rahm, als nötig ist, zu einer Masse, etwas dicker, wie man gewöhnlich zu Eierkuchen macht. Diese gießt man auf eine mit Butter stark bestrichene Tortenpfanne und bäckt sie bei sehr schwachem Feuer recht trocken, schneidet alsdann fingerlange und breite Stücken davon, ritzt solche noch einmal in der Mitte mit einem Messer, und bäckt sie in heißem Schmalz. Man bestreut sie noch heiß mit Zucker und Zimt.

Zucker-Strauben

Man tue ein halbes Pfund feines Mehl und sechs Loth gestoßenen Zucker in ein irdenes Geschirr und rühre nach und nach das Weiße von zehn Eiern und ein wenig Wein dazu; doch darf es nicht zu stark gerührt werden, damit es nicht schäumt. Dann läßt man diese Masse durch einen Trichter mit einer engen Dille in heißes Schmalz laufen, wodurch runde Strauben formiert werden. Wenn sie gar sind, biegt man solche über ein Welgerholz und bestreut sie mit Zucker und Zimt.

Kräpfel aus Schmalz

Auf reichliche zwei Pfund gutes trocknes Mehl nimmt man ein halb Pfund Butter, fünf ganze Eier und eben so viel Dotter, vier Eßlöffel gute Bierhefen, vier Loth Zucker und ein Nösel Milch. Die Milch wird warm gestellt, daß die Butter darinnen zerfließt, die Eier werden recht klar gequirlt, die Milch mit der Butter und den übrigen Zutaten, nebst ein Viertel-Nösel gutem Rosenwasser, auch ein wenig gestoßenen Muskatblüten darunter getan und das Mehl damit angeschlagen. Der Teig wird so lange mit einem hölzernen Rührlöffel geschlagen, bis er sich ablöst; alsdann nimmt man solchen auf die Tafel, arbeitet noch ein wenig Mehl darunter, daß er sich leicht mit dem Rollholze austreiben läßt, und rollt ihn strohhalmdick aus. Man setzt von eingemachten Johannis- oder Himbeeren oder von Apfelmarmelade mit Mandeln und kleinen Rosinen oder auch von Pflaumenmus mit Zucker, Zimt und Mandeln vermischt, eine Reihe kleiner Häufchen darauf, jedoch nicht zu nahe aneinander, durch die Breite des aufgerollten Teigs, schlägt die äußere Seite darüber her, und schneidet mit dem Backrade Kräpfel daraus, welche man an der Wärme aufgehen läßt und dann in Schmalz schön goldgelb bäckt.

Räder-Gebacknes

Zwei Pfund Mehl, zwölf Loth gestoßener Zucker, ein wenig Salz wird mit sechs Eiern, einem Viertelpfund zerlassener frischer Butter und ein wenig süßer Sahne zu einem Teig angerührt, wie man die Nudeln zu machen pflegt, doch nicht so steif. Dieser Teig wird aufgerollt und mit dem Backrädchen in daumenbreite Streifen geschnitten, nach Belieben in allerhand Figuren geflochten und in heißem Schmalz gebacken.

Von diesem, ich möchte sagen, ersten und vornehmsten Teig in unsern Küchen muß man niemals mehr als zwei Pfund, höchstens drei Pfund anmachen, denn schon diese Quantität ist nicht gut zu bearbeiten.

Auf ein Pfund feines Mehl nimmt man ein Pfund recht feste fette Butter, ein Ei, zwei gewöhnliche Teetassen voll recht frisches Wasser, und wenn man will, zwei Löffel voll guten Franzbranntwein; doch ist dieses nicht unumgänglich nötig. Das durchgesiebte Mehl wird auf die Tafel getan, in der Mitte ein Loch gemacht und mit dem Wasser und Ei zu einem Teig angerührt, welchen man recht zähe arbeitet, doch darf der Teig nicht fester sein, als ungefähr die Butter ist; dann legt man ihn in einer Serviette eine oder zwei Stunden an einen kühlen Ort, im Sommer am besten auf einen Stein im Keller. Die Butter muß im frischen Wasser ausgewaschen werden, und dann arbeitet man solche auf der Tafel durch, bis sie schmeidig und zähe ist; darnach wird sie nochmals im Wasser durchgearbeitet, zu einer breiten Scheibe gedrückt, die man im Wasser liegen lässet. Im Sommer muß man die Butter in recht kaltem Wasser so lange bearbeiten, bis solche fest und zähe, von der Konsistenz des Wasserteiges wird; dann läßt man sie, wo möglich, noch eine oder zwei Stunden in dem Eimer mit frischem Wasser stehen; doch darf sie nicht so hart werden, daß sie bricht, sondern sie muß fest und zähe bleiben, damit sie sich mit dem Teig egal austreiben läßt.

Der Wasserteig wird auf einem geraden Tisch, ungefähr einen kleinen Finger dick ausgetrieben, die Butter mit einem Tuch wohl abgetrocknet, mit ein wenig Mehl eingepudert und mitten auf den Teig gelegt. Der Teig wird von vier Seiten darüber geschlagen und nach der Länge des Tisches, von der Stärke

eines Pfeifenrohrs, nach Befinden auch noch dünner, ganz leicht ausgetrieben; dann legt man ihn übereinander, so, daß beide Enden in der Mitte zusammenstoßen, schlägt ihn noch einmal zusammen, treibt ihn wieder wie das erste Mal aus, und dieses wiederholt man auch zum dritten Mal. Alsdann läßt man den Teig eine gute halbe Stunde ausruhen und treibt solchen nachher zum vierten und letzten Mal auf obige Art aus. Das Ausruhen des Teiges zwischen dem dritten und vierten Mal Austreiben ist keineswegs ein gleichgültiger Umstand, sondern muß durchaus beobachtet werden, außerdem verbrennt die Butter und verliert die Kraft, den Teig zu heben. Überhaupt verlangt der Blätterteig eine sehr aufmerksame Behandlung, um gut zu werden, und im Sommer tut man wohl, wenn man ihn in einem Gewölbe oder Keller macht; denn so bald sich die Butter durch den Teig drückt und auf der Tafel anklebt, so taugt der Teig schlechterdings nichts, und man tut zu dieser Jahreszeit besser, wenn man keine schickliche Gelegenheit hat, sich des angerührten Teiges zu bedienen.
Im Winter macht er sich in einer temperierten Stube am besten, weil er in einem zu großen Grade von Kälte leicht springt und aufreißt, welches ebenfalls nicht sein darf, wenn der Teig gut werden soll.

Blätter-Torte

Zu einer Torte von der Größe einer mittleren Schüssel ist nicht mehr nötig, als von einem halben Pfund Butter Blätterteig zu machen. Diesen treibt man einen guten Messerrücken dick aus, legt die Tortenpfanne oder den Casserolle-Deckel, worauf man solche backen will, darauf, und schneidet den übrigen Teig rund herum ab, legt sodann den Teig auf die Tortenpfanne, streicht eingemachte Johannis- oder Himbeere, Kir-

schen, Apfelmarmelade, Pflaumenmus oder Aprikosenmarme-
lade darauf, doch so, daß ein gut zwei Finger breiter Rand
rundherum leer bleibt; alsdann schneidet man Streifen, wie ein
schmales Bändchen und einen Messerrücken dick von dem
Teig und flicht einen Deckel davon über das Eingemachte.
Den leer gebliebenen Rand bestreicht man vermittels eines
Pinsels mit Eidotter und Wasser, belegt ihn mit einem Streifen
Teiges von der nämlichen Breite, macht mit dem Messer kleine
Einschnitte rund herum, damit der Rand zackig wird, und bestreicht sowohl den geflochtenen Deckel, als den Rand, mit
verdünntem Eiergelb. Alle Torten von Blätterteig müssen wo
möglich sogleich nach der Verfertigung gebacken werden,
wozu eine kleine Stunde erfordert wird. Die Röhre muß um
einen ziemlichen Grad heißer sein, wie zu geschlagenen Torten; da es aber nur durch Erfahrung möglich ist, diesen Grad
genau zu treffen, so tut man wohl, wenn man ein kleines, nicht
zu dünnes Stückchen von dem Blätterteig vorher hineingesetzt, um als Probe zu dienen. Das Feuer muß so viel wie möglich egal erhalten werden.

Aprikosen-Torte

Die Torte wird von Blätterteig auf obige Art verfertigt, die
Aprikosen einige Minuten in kochendes Wasser getan, damit
sie sich schälen lassen, alsdann gespalten und die Torte damit
belegt, doch so, daß immer eine halbe Aprikose an die andere,
aber nicht übereinander kommt. Man läßt ebenfalls einen gute
zwei Finger breiten Raum zum Rande. Man bestreut sie stark
mit gestoßenem Zucker und setzt, wie oben gesagt, den Rand
darauf; doch darf man keinen Deckel flechten, sondern man
belegt statt dessen die Aprikosen mit einem rund geschnittenen Papier, damit solche eine schöne Farbe behalten und bäckt

die Torte, wie oben gesagt. Die Kerne werden aufgeschlagen, geschält, voneinander gespalten und auf die Aprikosen gelegt, wenn die Torte aus der Röhre kommt. Ganz auf dieselbe Art werden Torten von Pflaumen, Reine-Claudes und Mirabellen gemacht. Daß man die Kerne wegläßt, versteht sich von selbst. Bei Johannis-, Stachel- und Erdbeer- Torten bleibt nur zu bemerken, daß diese mit einem geflochtenen oder aufgeschnittenen Deckel belegt werden.

Franchi Pane oder Tourte d'Amandes

Man verfertigt eine Torte von Blätterteig auf gewöhnliche Art, setzt erstlich den Rand auf und gießt dann den S. 75 beschriebenen Guß darauf, welcher noch folgenden Zusatz erhält: ein Viertelpfund gestoßene bittere Macaronen, ein Viertelpfund gestoßenen Biscuit und vier Loth ganz zart geschnittenes Citronat. Man ziert diese Torte mit etlichen, aus Blätterteig geschnittenen Sternen aus, wenn man will.

Reis-Torte

Man läßt ein halbes Pfund gewaschenen und im Wasser einmal aufgekochten Reis mit einem Maß Wein ausquellen, doch darf er nicht zerkochen, noch weniger breiig werden, sondern die Körner müssen ganz bleiben. Hierauf reibt man vier Citronen auf einem halben Pfund Zucker ab, und mischt dieses mit etwas Citronat unter den verkühlten Reis, worauf man die Masse auf die Torte streicht und backen läßt. Man kann auch den Reis in Milch kochen, ein Viertelpfund gute Butter hinzutun, wenn solcher verkühlt, sechs Eierdottern darunter rühren, und nachdem man ihn auf die Torte gestrichen, mit zerlassener Butter, worein man drei Eiergelb gerührt hat, begießen.

Kirsch-Torte mit dem Guß

Die Verfertigung der Torte bleibt ganz dieselbe; alsdann bestreicht man den Boden ungefähr einen kleinen Finger dick mit folgendem Guß und legt dann die ausgekernten Kirschen darauf, welche recht reif und keine andere Sorte als Sauerkirschen oder sogenannte Weichselkirschen sein müssen: denn andere Arten haben einen wäßrigen Geschmack nach dem Bakken.

Guß auf Kirsch- und andere Torten

Man setzt ein Nösel süßen Rahm und eben so viel Milch zum Feuer, dann wird ein Viertelpfund feines Mehl mit etwas Milch flüssig gerührt. Wenn der mit Milch vermischte Rahm kocht, so wird das klar gerührte Mehl hineingequirlt. Hierzu tut man noch ein Viertelpfund gestoßene süße Mandeln, ein Viertelpfund gute Butter, und etwas Zucker und Zimt, stellt es zum Verkühlen und schlägt dann sechs Eiergelb dazu. Sollte der Guß zu dick sein, so rührt man noch etliche Löffel Sahne dazu.

Kirsch-Torteletts

Ein locker gewirkter Butterteig wird einen Messerrücken dick ausgetrieben, blecherne Förmchen, etwas kleiner als eine Untertasse, werden damit ausgelegt, die Sauerkirschen ausgekernt und hinein getan; alsdann nimmt man einen Nösel sauern, dicken Rahm, schlägt drei ganze Eier und zwei Dotter hinein und quirlt dieses eine Viertelstunde recht wohl untereinander. Die Kirschkerne werden im Mörser gestoßen, mit wenig Wasser ein Weilchen gekocht, dann durch ein Haarsieb gegossen und dieses Wasser unter den Rahm oder Sahne getan: doch darf es nicht zu viel sein, damit er nicht zu sehr verdünnt wird. Man gießt nach Gedanken hiervon auf die Kirschen, setzt die Förmchen auf ein Backblech und bäckt solche eine kleine halbe Stunde bei nicht allzu großer Hitze, und bestreut sie nachher etwas stark mit Zucker und Zimt. Man verfährt ganz auf die nämliche Art bei Johannisbeer-, Heidelbeer- und Pflaumentorteletts; doch muß man bei letzteren den Guß weglassen. Ohne Früchte kann man sich bloß folgender Crême bedienen, um die Torteletts zu füllen.

Crême zu Torteletts

Ein Nösel dicker, saurer Rahm oder Sahne wird mit vier Loth gestoßenem Zucker und vier ganzen Eiern eine Viertelstunde recht untereinander gequirlt, auch kann man etwas Vanille oder gutes Rosenwasser dazu tun; besonders aber ist darauf zu sehen, daß die Sahne nicht bitter schmeckt. Daß man auf die nämliche Art statt Torteletts auch Kuchen von jeder beliebigen Größe machen kann, ist wohl überflüssig zu erinnern; doch muß man die Feuerung alsdann bei dem Backen nach der Größe der Form einrichten.

Wiener Blätter-Teig

Hierzu nimmt man ein Pfund feines Mehl auf die Tafel, macht in der Mitte ein Loch, pflückt ein halb Pfund gute Butter darein, acht Eierdottern, ein Viertelpfund gestoßenen Zucker und ein halb Nösel Rheinwein, reibt dieses zusammen zu einem Teig, macht Stücke davon wie ein Ei groß, und treibt jedes einzeln nach der Länge aus; alsdann wird jedes Stück mit zerlassener Butter bestrichen, eines auf das andere gelegt, noch etwas ausgetrieben und dann so fest, wie möglich, zusammen gerollt. Man läßt den Teig eine Nacht an einem kühlen Orte liegen. Will man ihn brauchen, so schneidet man von dieser Wurst mit einem scharfen Messer Scheiben, tut etwas Aprikosen- oder andere Marmelade oder auch Eingemachtes darein, schlägt jede Scheibe in ein Kräpfel zusammen, beschneidet sie am Ende herum mit dem Backrade, legt sie auf ein mit Papier belegtes Backblech und bäckt solche langsam. Wenn sie aus der Röhre kommen, so werden solche noch heiß mit Rosenwasser bestrichen und mit Zucker und Zimt bestreut.

Bei dieser Art von Bäckerei muß man hauptsächlich auf schönes, weißes, trocknes Mehl bedacht sein, sonst sind die übrigen Zutaten verschwendet, denn von diesem und nicht allein von den Hefen hängt die Güte und Lockerheit oder Leichtigkeit des Backwerks ab.

Die Hefen müssen frisch, nicht zu dünn und schön weiß sein, auch muß man solche vorher einigemal mit frischem Wasser abwässern, damit sie dem Backwerke keinen bittern Geschmack mitteilen. Die Milch und Butter dürfen zum Einmengen weder zu heiß (denn sonst verlieren die Hefen ihre Kraft), noch auch zu kalt, sondern lauwarm sein. Auch ist es notwendig, daß man im Winter das Mehl und die übrigen Zutaten vorher an einem temperierten Ort verschlagen läßt, damit der Teig desto leichter in die Höhe gehe.

Hefenteig zu verschiedenem Backwerk,
als Geburtstags-Brezeln, Butterkuchen,
Kuchen zu frischen Früchten und dergleichen

Man nehme reichlich drei Maß oder drei Pfund Mehl in eine Backschüssel, mache in der Mitte ein Loch und rühre ein halb Nösel gute Hefen mit eben so viel lauwarmer Milch hinein, daß es wie ein dicker Brei wird, setzt diesen alsdann an einen warmen Ort und läßt ihn langsam gehen. (Dieses heißt das Hefenstück.) Wenn dieses geschehen, so nimmt man ein Nösel lauwarme Milch, rührt sechs ganze Eier hinein und mischt beides unter den Teig; alsdann tut man etwas Salz, nach Belieben gestoßene Muskatblüten und abgeriebene Citrone, auch ein Viertelpfund Zucker dazu, und erst wenn das Mehl aufgearbeitet ist, wird ein Pfund frische zerlassene Butter darunter gemengt. Wollte man Rosinen und Mandeln hinein tun, so ist von ersterem ein halb Pfund und von letzterem ein Viertelpfund und von Citronat vier Loth hinlänglich.

Karlsbader Kollatschen

Man nimmt ein und ein halb Pfund gutes Mehl auf den Tisch, macht mitten ein Loch und pflückt ein Pfund gute ausgewaschene Butter hinein. Sechs ganze Eier und vier Dottern werden mit einem Nösel Rahm oder Sahne recht klar geschlagen, nebst einem halben Nösel guter Hefen, zwölf Loth Zucker und etwas Muskatblüten. Dieses alles kommt zu dem Mehl und wird mit der Hand so lange geschlagen, bis sich der Teig ablöst. Davon werden runde Häufchen auf Butterpapier gesetzt, von der Größe eines halben Eies. Man läßt solche an der Wärme gehen, drückt alsdann in jedes eine kleine Vertiefung in der Mitte, welche man mit Eingemachtem füllt, dann wieder mit etwas zu Schnee geschlagenem Eiweiß und Zucker bedeckt und bei gelindem Feuer bäckt.

Augsburger Butter-Ringel

Man nehme ein Nösel guten Rahm in eine Casserolle und tue ein und ein Viertelpfund gute ausgewaschene Butter hinein, setze es auf das Feuer und rühre so lange, bis die Butter zergangen ist. Wenn es wieder lauwarm ist, so rührt man ein halb Nösel gute Hefen, etwas Muskat, das Abgeriebene einer Citrone, zwei Eier und zuletzt zwei Pfund feines Mehl hinein. Der Teig wird mit einem hölzernen Löffel so lange geschlagen, bis er sich ablöst und so steif wird, daß man auf dem Tische runde Ringel davon machen kann. Diese legt man auf ein mit Butterpapier belegtes Backblech, läßt sie gehen und bestreicht solche vor dem Backen mit Eierdotter, worunter man etwas Rahm und zerlassene Butter geschlagen, bestreut sie mit Zukker und Zimt und bäckt sie wie Kollatschen.

Dresdner Asch- oder Napfkuchen

Man rührt ein Pfund gute Butter mit acht Eiern zu Schaum, mischt ein halb Nösel guten Rahm, worinnen zwölf Loth Zukker zerschmolzen sind, einige Löffel Rosen- oder Orangenblütenwasser, das Abgeriebene einer Citrone nebst etwas Muskatblüten und sechs Löffel gute Hefen dazu und rührt dies mit zwei Pfund feinem Mehl recht gut durcheinander. Nun tut man ein halb Pfund große, ein halb Pfund kleine Rosinen, vier Loth Citronat und ein Viertelpfund klein geschnittene Mandeln dazu, streicht eine hinlänglich große Form mit Butter gut, jedoch nicht zu fett aus, bestreut sie mit gehackten Mandeln, tut den Teig hinein und läßt ihn langsam aufgehen. Noch ist zu bemerken, daß die Form nicht viel über die Hälfte angefüllt, noch auch der Kuchen, während er aufgeht, von der Stelle gerückt werden darf. Auch öffnet man die Röhre während des Backens nicht gern, noch weniger verrückt man den Kuchen: denn dieser wird dadurch entweder einsinken oder doch gewiß nicht so locker werden, als man wünscht. Zum Bakken braucht man ungefähr anderthalb Stunden und nicht allzu starke Hitze.

Braunschweiger Kuchen

Man nimmt zwei Pfund feines Mehl auf die Tafel, macht in der Mitte ein Loch und zupft drei Viertelpfund ausgewaschene Butter hinein, tut ein und ein halb Nösel Milch, fünf ganze Eier, vier Loth gestoßenen Zucker, das Abgeriebene einer Citrone nebst einer Muskatnuß und vier Löffel gute Hefen dazu, und arbeitet dieses zu einem Teige, und zuletzt arbeitet man noch ein halb Pfund kleine Rosinen dazu. Man rollt den Teig aus, doch muß solcher wenigstens kleinen Fingers dick bleiben, legt um den Rand große Rosinen und schlägt den Teig darüber her; alsdann wird durch die Länge des Kuchens der Teig in erhabene Riefen mit den Fingern gezwickt, so daß jede Riefe zwei Finger breit von der andern zu stehen kommt. Der Kuchen muß an einem temperierten Orte langsam gehen. Vor dem Backen wird er reichlich mit zerlassener Butter begossen, stark mit Zucker und Zimt bestreut und eine gute Stunde bei mittelmäßiger Hitze gebacken.

VON DEM GEFRORNEN
UND DESSEN ZUBEREITUNG,
NEBST BESCHREIBUNG
EINER WOHLFEILEN UND GUTEN EISGRUBE
IN EINEM GARTEN ODER HOF.

Man wählt zur Anlage der Eisgrube einen Platz in einem Gar-
ten oder Hofe, der von Morgen, Mittag und Abend her durch
hohe Gebäude oder Bäume und Gesträuche stark beschattet
und gegen die Sonnenstrahlen gedeckt, gegen Norden aber frei
ist, und an dem man, wo möglich, mit einem Wagen anfahren
kann, um das Eis dahin zu bringen. An diesem macht man eine
Grube, welche viereckig und etwa 12 bis 16 Fuß weit sein muß,
und auch so tief, oder noch tiefer, nach Belieben, je nachdem
der Boden trocken oder feucht ist; denn hat man einen trockenen Grund, so sind sie, je tiefer, je kälter. Ist der Grund sandig
oder locker, so wird die Grube rund herum ausgemauert. Ist
der Grund fest oder steinig, so ist keine Ausmauerung der
Grube nötig, sondern sie wird nur mit Brettern ausgesetzt
(oder auch dies nicht einmal) und das ein Fuß hohe Grund-
mäuerchen zur Unterlage der Schwellen nur auf der Erde auf-
geführt. Nun bekommt die Eisgrube ein Strohdach, anderthalb
Fuß dick, von langem Stroh, recht dicht eingebunden, das bis
herab zur Erde geht und da dicht aufliegt. Dies ist die Haupt-
sache zur Erhaltung des Eises; denn kein anderes Dach, z. B.
Schiefer oder Ziegeln, hält die Wirkung der Sonne und heißen
Luft so gut ab, als ein Strohdach. Zur Sicherheit für Diebereien
kann das Dach innerhalb mit Brettern verschlagen werden.
Zu noch besserer Verwahrung der Eisgrube gegen das Eindringen der warmen Luft wird vor die innere Tür der Grube noch
ein äußerer Eintritt oder Vorkammer mit einer besondern Tür
angelegt, die man allezeit hinter sich verschließt, ehe man die

innere zur Grube öffnet, wenn man im Sommer Eis oder Fleischwerk heraus holen will, welches ohnedies, wo möglich, immer bei frühem Morgen oder spätem Abend geschehen muß. Ungefähr ein Fuß hoch über die Sohle des Grundes kommt ein eichener oder kienbaumner, kieferner Rost auf gehauene Steine hohl zu liegen, damit das allenfalls vom Eise auftauende Wasser ablaufen und sich in die Erde verziehen kann. Ist die Grube ganz fertig und soll nun gefüllt werden, so wird auf den Rost oder auf die Faschinen eine Hand hoch Stroh gelegt, sodann die erste Lage von ganz genau aneinander passenden Stücken Eis gelegt; die zweite und folgenden Lagen aber müssen von klar zerschlagenem Eise gemacht und damit alle Lücken und Höhlungen genau ausgefüllt und mit einem Stößer fest gestampft werden. Auf eine zweispännige Fuhre Eis nimmt man 24 bis 30 Pfund Kochsalz, teilt dieses ein und streut es zwischen jede Schicht von einem halben Fuß dick recht klar zerschlagenes Eis ein, stampft jedesmal die Lage recht fest, und fährt so fort, bis die Grube ganz voll ist. Dieses macht, daß das Eis zusammen schmilzt, nur eine einzige dichte Masse wird, in deren Zwischenräume die Luft nicht mehr eindringen kann. Rund herum an den Wänden wird gleichfalls Stroh eingefüttert; aber zwischen die Schichten des Eises kommt keins, weil dieses sonst der Dichtigkeit des Eises schaden würde. Das Eis muß so viel möglich von reinen Teichen gehauen und fein dick sein.

Im Fall in einem gelinden Winter kein Eis zu bekommen wäre, so wird statt dessen Schnee genommen, derselbe recht klar gemacht, zwischen jede Lage desselben 20 bis 25 Pfund Salz gestreuet, recht fest gestampft, dann 10 bis 12 Eimer Wasser darauf gegossen, und so fortgefahren, bis die Eisgrube voll ist. Die Erfahrung lehrt, daß der Schnee unter dieser Behandlung (welches die Art ist, wie man in Italien die Eisgruben, die dort

eines der ersten Bedürfnisse sind, füllet) eben so gut und noch viel kälter als das Eis ist.

Wenn das Eis nun in die Grube gebracht ist, so werden bei hartem Frostwetter die Türen offen, bei Tauwetter aber sorgfältig zugehalten, und somit den Winter hindurch abgewechselt.

Ist die Eisgrube beinahe ausgeleert und nicht mehr brauchbar, so muß sie sogleich vor Eintritt des Winters gereinigt und die Türen geöffnet werden, daß sie ausdünste und Kälte eindringe. Diese Sorgfalt trägt ungemein viel zur Erhaltung des frischen Eises bei. Es kommt viel darauf an, die Eisgrube bei hartem Frostwetter wo möglich in einem Tage zu füllen.

Eine ganz nach dieser Methode angelegte und behandelte Eisgrube auf dem Landsitz Tieffurth Amalia, der verewigten Herzogin von Weimar, in deren Diensten ich die Ehre hatte zu stehen, hat sich auf das Beste gehalten, und ich kann sie daher mit wahrer Überzeugung empfehlen.

Da es der Endzweck dieses Werkchens ist, alles, was zur Erfrischung eines vornehmen Zirkels gehört, auf die deutlichste, jedem leicht begreifliche Art verfertigen zu lehren, und das Gefrorene eine der vorzüglichsten Erfrischungen ist: so werde ich mich bemühen, alles so einfach, wie nur möglich, darzustellen. Auch glaube ich nicht, daß irgend jemand die Kunst, gefrorene Säfte in der Gestalt der nämlichen Früchte, woraus sie gezogen wurden, auf die Tafel zu setzen, hier zu finden erwartet; denn hierzu gehört nicht nur eine große Anzahl von Formen und Gefäßen, sondern auch eine eigene Bearbeitung, welche man durchaus nur durch öfteres Zusehen oder Nachmachen erlernt.

Zu dem Gefrornen, welches man auf gewöhnliche Art in Bechern, Tassen, Gefrierschälchen serviert, sind nicht mehr als folgende sehr einfache und wohlfeile Gefäße nötig, womit sich ein jeder, der sich Eis zu verschaffen weiß, in kurzer Zeit das vortrefflichste Gefrorne verfertigen kann.

Gerätschaften

Ein Gefrier-Stutz von hartem Holze, welcher vierzehn Zoll in der Höhe und elf Zoll in der Breite in Lichten hält. Dieser muß oben mit einem Griff, wie ein Eimer, versehen sein, und einen Zoll hoch vom Boden einen Zapfen haben, welcher aber sehr gut eingepaßt werden muß, vermittelst welchem man das Wasser, so sich von dem aufgelösten Eis sammelt, abzapfen kann.

Gefrier-Büchse. Sorbettière
Dieses ist eine runde zinnerne Büchse, welche zehn Zoll hoch und fünf Zoll in Lichten breit ist. Der Deckel muß wenigstens einen und einen halben Zoll an der Büchse herunter falzen und oben muß derselbe mit einem zwei Finger breiten Griff versehen sein, welcher aber rund und glatt gearbeitet sein muß, damit er bei dem Umdrehen den Händen nicht wehe tue. In einer Büchse von dieser Größe können zwei Maß oder vier Pfund Gefrornes gemacht werden, welches ungefähr achtzehn bis zwanzig gewöhnliche Becher gibt.

Frier-Spatel
Dieses ist nichts weiter, als ein muldenförmiges Schaufelchen von buchenem Holz, vier Zoll in die Länge und ungefähr zwei Zoll in die Breite, welches in der Mitte wie ein Kochlöffel flach gewölbt, unten aber einen Viertelzoll hoch gerade bleibt, und mit dem Stiel achtzehn bis neunzehn Zoll lang sein muß. Dieses Spatels bedient man sich, um die Masse, wenn sie anfängt zu gefrieren, von der Büchse abzustoßen und umzurühren.

Von der Bearbeitung des Gefrornen

Das Eis wird in kleine Stücke zerschlagen, in ein Gefäß getan und gesalzen (man rechnet auf fünf Teile Eis den sechsten Teil Salz), mit einem Schaumlöffel umgerührt und sodann einige Löffel voll in den Gefrierstutz getan, bis der Boden ganz bedeckt ist; alsdann wird die Büchse mit der Masse hineingesetzt und das übrige Eis darum getan, bis der Gefrierstutz ganz angefüllt ist. Die Büchse wird nun bei dem Griff ungefähr eine Viertelstunde schnell herum gedreht, während dessen sich das Eis in der Büchse wie eine Haut ansetzt. Der Deckel der Büchse wird nun sauber abgewischt, damit bei dem Herunternehmen nichts von dem gesalzenen Eis hineinfallen kann, sodann abgenommen und mit dem Frierspatel das angesetzte Eis sowohl von dem Boden als um die Büchse herum abgestoßen, wohl durcheinandergerührt und mit dem Herumdrehen, Abstoßen und Zerreiben so lange fortgefahren, bis die sämtliche Masse so stark und so schmeidig wie Butter ist; alsdann verdeckt man die Büchse und läßt sie bis zum Servieren stehen, wo man alsdann das Gefrorne entweder in Frierschälchen oder Gläsern anrichtet.

Sollte während der Bearbeitung das Eis zerschmelzen, welches im Sommer leicht möglich ist, so zieht man den Zapfen aus dem Stutz, läßt das Wasser ablaufen, und tut wieder frisches Eis und Salz dazu, und fährt so fort, bis es gut ist.

Zucker zu läutern für Gefrornes

Um die unangenehmen Wiederholungen zu vermeiden, will ich hier erinnern, daß erstlich zum Gefrornen, es mag einen Namen haben, wie es wolle, der Zucker auf folgende Art geläutert werden muß. Zu einem halben Pfund Zucker wird ein halb Nösel Wasser genommen und in einer Casserolle, welche wenigstens zwei Maß hält, auf ein Kohlenfeuer gesetzt und gekocht. Wenn nun der Schaum von dem Zucker in die Höhe steigt, so wird solcher mit einem Schaumlöffel abgenommen, der Zucker aber bis zum Flug, das ist, so lange eingekocht, bis sich einige Blasen, wenn man auf die Löcherchen des Schaumlöffels bläst, am Hinterteil des Schaumlöffels, der erst aus dem kochenden Zucker genommen wird, zeigen, welches das Merkmal ist, daß das Wasser größtenteils verraucht ist. Hierauf wird er vom Feuer genommen, und wenn er zu Saftgefrornem bestimmt ist, so gebraucht man ihn, wie es bei einer jeden Sorte vorgeschrieben ist; soll er aber mit Rahm und Eiern legiert werden, so wird die Masse von Rahm und Eiern, so wie er vom Feuer kommt, darunter gerührt und nachher erst wieder auf ein sehr gelindes Feuer gesetzt und so lange gerührt, bis die Masse anfängt dicker zu werden und nicht mehr so rein, wie vorher, vom Löffel abläuft; doch darf solche durchaus nicht kochen. Man hebt alsdann die Casserolle vom Feuer ab und passiert die Masse durch ein Haarsieb in ein irdenes Geschirr.

Zweitens ist zu bemerken, daß zu allem Gefrornen der feinste Zucker genommen werden muß: denn der ordinäre Zucker behält immer einen sirupähnlichen Geschmack, welcher sich dem Gefrornen mitteilt.

Noch muß ich erinnern, daß alle Rezepte genau so viel enthalten, als auf eine Gefrierbüchse von zehn Zoll Höhe und fünf Zoll Weite erforderlich ist, und daß man sich nach dieser nämlichen Proportion zu richten hat, wenn man sich einer größeren Frierbüchse bedienen will.

Rahm-Gefrornes. Naturell

Man nehme drei Nösel guten süßen Rahm und schlage solchen mit sechzehn Eierdottern vermittels eines Schlagbesens wohl durcheinander. Ein halb Pfund Zucker wird geläutert und die Masse von Rahm und Eiern darunter gerührt, alsdann durch ein Haarsieb passiert, und wenn es ganz kalt ist, in die Frier-büchse getan und frieren lassen ... Noch ist zu bemerken, daß es bei allen Rahmgefrornen nötig ist, die Masse, wenn solche durch das Haarsieb passiert ist, so lange umzurühren, bis sie anfängt kalt zu werden, weil sich sonst oben eine Haut ansetzt, welche, da man sie wegnehmen müßte, dem Gefrornen viel an seiner Milde benehmen würde.

Rahm-Gefrornes mit Maraschino

Das nämliche Quantum Rahm und sechzehn Eierdotter werden nebst einem halben Loth gröblich gestoßenen Zimt mit einem halben Pfund Zucker abgeliert und, nachdem man es durch ein Sieb passiert, läßt es frieren. Während des Frierens tue man nach und nach so viel Maraschino hinzu, daß es angenehm vorschmecke, wozu ein Viertel-Nösel hinlänglich ist. Auf vorbeschriebene Art wird das Gefrorne von Eau de Noyeaux, Huile de Venus, Crême de Barbades und allen feinen Likörs gemacht. Man darf nie Likörs unter die heiße Masse gießen, wie viele tun, denn dadurch verlieren solche alle Kraft.

Glace au Four

Man macht ein Rahmeis auf gewöhnliche Art und läßt solches recht fest frieren. Wenn dieses geschehen ist, so schlägt man zehn Eierweiß zu einem steifen Schnee, unter welchen man ein Viertelpfund ganz fein gesiebten Zucker rührt. Das Gefrorne wird auf kleine Dessertteller getan, und wenn man es so zierlich wie möglich rund und glatt gestrichen, wird so viel, wie man für nötig hält, von dem Eierschnee darauf getan, alsdann recht stark mit feinem Zucker gepudert und ein glühendes Glaciereisen darüber gehalten, so daß sich die obere Masse bäckt, welches sehr geschwind geschieht. Dieses Gefrorne sieht sehr gut aus und schmeckt noch besser.

Rahm-Gefrornes mit leichtem Biscuit

Sechzehn Eierdotter werden mit drei Nösel Rahm geschlagen und mit zwölf Loth geläutertem Zucker abgeliert. Wenn dieses geschehen, so wird ein halb Pfund leichter Biscuit gestoßen, durch ein Mehlsieb passiert und unter die Masse getan, gut durchgerührt und alsdann gefroren.

Punsch à la Romaine

Dieses Gefrorne, so wie das nachfolgende und die sogenannte Neapolitanische Bombe, sind jetzt vorzüglich an der Tages-Ordnung. Ein Pfund ganz feiner Zucker wird wie gewöhnlich geläutert, und wenn solcher etwas verkühlt ist, der Saft von sechs Citronen und zwei süßen Orangen, wie auch das auf Zucker Abgeriebene einiger Schalen dazu getan. Sobald die Masse gefroren ist, wird ungefähr ein Maß Champagner und ein halb Nösel Arrak, und ganz zuletzt, vor dem Servieren, der Schnee von vier ganz frischen Eiern darunter gearbeitet.

Flüssiges Punsch-Gefrornes

Ein und ein halb Pfund Zucker wird mit einem Nösel Wasser gekocht und gehörig geschäumt, von zwölf schönen Citronen der Saft und von vier Stück die abgeriebene Schale, so wie ein Maß Wasser, worin ein halb Loth guter Tee gekocht worden, dazu getan und diese Masse durch ein Haarsieb in eine sehr große Frierbüchse gegossen. Man läßt dieselbe jedoch nicht ganz fest frieren, und kurz vorher, ehe sie serviert wird, arbeitet man ein Maß Champagner und ein Maß Arrak darunter, um sie flüssiger zu machen. Dieses Gefrorne wird aus Champagnergläsern getrunken.

Chocolade-Gefrornes

Man nimmt ein halb Pfund feine Chocolade, schneidet solche in kleine Stückchen und läßt sie aufkochen; alsdann werden acht Eierdottern mit einem halben Nösel Rahm geschlagen und nebst zwölf Loth geläutertem Zucker darunter getan, läßt es durchpassieren und frieren. Wollte man bloß Wasser statt des Rahms nehmen, so braucht man ein Dreiviertelpfund Chocolade.

Rosen-Gefrornes

Ein halb Nösel von dem besten Rosenwasser wird in einem irdenen Töpfchen, wohl zugedeckt, recht heiß gemacht, doch darf es nicht kochen, welches seine Kraft mindern würde; alsdann wird es über ein Loth Tournesol gegossen und, wenn es von dieser die Farbe hinlänglich ausgezogen hat, durch eine Serviette gedrückt. Hierauf nimmt man ein Maß guten Rahm, gießt das rotgefärbte Rosenwasser darunter, schlägt sechzehn Eierdottern dazu und tut es zu einem halben Pfund geläuterten Zucker und verfährt damit auf obige Art.

Gefrornes von Ananas

Hierzu sind zwei große oder drei bis vier Stück kleinere Ananas hinreichend. Man reibt solche so geschwind als möglich auf einem Reibeisen, drückt den Saft durch ein leinenes Tuch recht aus, gießt noch ein halb Nösel Wasser auf das zurückgebliebene Mark und drückt es nochmals durch, damit nichts von diesem teuren Saft verloren gehe, läutert alsdann ein Pfund Zucker in einem Nösel Wasser, gießt es unter den Saft, wozu noch der Saft von drei Citronen kommt und läßt es frieren.

Neapolitanische Bombe, eigentlich Balomba

Zwölf Eierdottern, zwölf Loth gestoßener Zucker, ein Nösel Wasser, wird in einer Casserolle auf dem Feuer so lange abgerührt, bis es sich auf dem Boden wie Samm ansetzt. Jetzt wird es abgehoben, durch ein Sieb in einen ziemlich großen Kessel gegossen und mit einem Schlagbesen so lange geschlagen, bis es wie eine Biscuitmasse gequollen und kalt geworden ist. Diese Masse, welche nun wenigstens reichlich drei Nösel enthält, wird in eine hinlänglich große Gefrierbüchse getan und in Eis gesetzt. Nach zwei Stunden sehe man darnach und gieße wieder etwas von der zurückbehaltenen Masse dazu, weil sich diese etwas während des Gefrierens setzt. Man läßt es nun noch ungefähr eine Stunde frieren, und wenn man es anrichten will, wird die Gefrierbüchse eine Minute lang in kaltes Wasser gehalten, wodurch die Masse bei dem Umstürzen sehr schnell heraus geht. Man serviert dieses Gefrorne ganz so, wie es aus der Büchse kommt, und stürzt es auf einen mit einer zierlich gebrochenen Serviette belegten Teller. Am schönsten wird es in einer Büchse von englischem Blech, welcher man zugleich nach Belieben eine schöne geschmackvolle Form geben läßt. Dieses in seiner Art einzige und zugleich beliebteste alles Gefrornen verdankt man dem Zufall. Der Beichtvater des Königs von Neapel durfte seiner schwachen Brust wegen nur Gefrornes von Tee und Eierdottern genießen; aus Versehen hatte der junge Mensch, welcher es bereiten mußte, die Masse zu lange auf dem Feuer abgeschlagen. Hierdurch bekam diese weit mehr Consistenz, und so entstand eine neue Art von Eis, welchem ganz Neapel seinen Beifall schenkte …

Caffee-Gefrornes

Man nimmt drei Nösel süßen Rahm und läßt solchen bei gelindem Feuer bis auf ein Maß einkochen, gießt alsdann ein Nösel starken, filtrierten, nicht gekochten, wohlschmeckenden Caffee dazu, welchem man, wenn man es liebt, durch ein kleines

Stückchen Vanille, das man in den Filtriersack legt, noch einen besonders lieblichen Geschmack geben kann. Hierauf schlägt man sechzehn Eierdotter darunter, tut ein halbes Pfund geläuterten Zucker dazu, und, nachdem es durch das Haarsieb passiert, läßt man es frieren.

Kirsch-Gefrornes

Man wäscht ein Pfund reife Sauerkirschen rein ab, zupft sie von den Stielen, und nachdem man sie ausgekernt, preßt man solche durch ein leinenes Tuch. Die Kerne werden gestoßen, in ein irdenes Geschirr getan und der Kirschsaft dazu gegossen, man muß aber solchen wenigstens eine gute Stunde darüber stehen lassen, damit er den Geschmack der Kerne annehmen kann. Man läutert ein Pfund Zucker mit einem Nösel Wasser, setzt ihn vom Feuer weg, und nachdem er verkühlt, gießt man den durchs Sieb passierten Kirschsaft, nebst einem halben Nösel guten Muskatenwein oder Lünell, dazu und läßt es frieren.

Erdbeer-Gefrornes

Drei Maß recht reife Erdbeeren werden gewaschen und auf ein Sieb geschüttet, damit sie wieder abtrocknen, alsdann durch ein Haarsieb gedrückt und der Saft von zwei Citronen dazu getan. Man läutert drei Viertelpfund Zucker mit einem Nösel Wasser, tut, wenn solcher verkühlt, die Erdbeeren hinein, passiert solche durch ein Haarsieb, und gießt, ehe es friert, ein halb Nösel guten Muskatensekt oder Mallagawein dazu.

Berbisbeer-Gefrornes

Ein halb Pfund abgepflückte und rein gewaschene Berbisbeeren werden in einem steinernen Geschirr zerdrückt, durchgepreßt und Wasser und Wein zu gleichen Teilen dazu getan, daß es zusammen ungefähr drei Nösel ergibt. Hierauf wird ein Pfund Zucker geläutert, wenn er verkühlt, der Saft dazu gegossen und auf gewöhnliche Art verfahren.

Dieses sind alles Sorten von Gefrornen, welche wegen ihres vorzüglichen Wohlgeschmacks allgemein beliebt und daher auch in allen Ländern vorzugsweise zur Erfrischung verlangt werden. Wollte man dem Rahm-Gefrornen den Geschmack eines Gewürzes oder Sämerei, als Koriander, Anis, Vanille geben, so koche man das Gewürz mit dem Rahm auf; dann weiter wie Gefrornes Naturell. Noch muß ich bemerken, daß alles Saftgefrorne etwas längere Zeit zum Frieren brauchen, als die Gefrornen von Rahm, und daher auch etwas mehr Salz unter das Eis nötig machen, wovon man das Quantum nicht genau anführen kann, aber durch die Erfahrung leicht bemerken wird.

NACHWORT

Wir wissen heute nicht, ob François le Goullon, der »Großherzoglich Sächsisch-Weimarische Mundkoch« – wie er sich auf
dem Titelblatt unserer vorliegenden Ausgabe seines »Eleganten Theetischs« von 1829 nennt –, ahnen konnte, daß er ein Er-
folgsbuch schreiben würde. Aber er war sich dieses Erfolgs
wohl recht sicher, wie sonst hätte er auf dem Titelblatt eines
seiner anderen Werke schreiben können: »Von dem Verfasser
des eleganten Theetisches«*. Eine derartige Werbung ist nur
wirksam, wenn ein erfolgreiches Buch zum Markenzeichen für
seinen Autor wurde. Und genau das war bei dem »Eleganten
Theetisch« der Fall.

Die Erstausgabe erschien in Weimar 1809, eine zweite etwa
1815. Die dritte Auflage, die bereits 1816 folgte, wurde erweitert
und bald von anderen Verlagen nachgedruckt. Die vorliegende
vierte Ausgabe ist wiederum verbessert und erweitert. Nichts
verrät über die Publikumswirksamkeit eines Buches mehr als
eine kontinuierliche Folge der Auflagen und eine ständige Er-
weiterung des Umfangs. Und auch der Verleger Wilhelm Hoffmann, neben Bertuch der einzige namhafte Verleger zur Goe-
thezeit in Weimar, verschaffte seinem (1732 von seinem Vater
gegründeten) Unternehmen durch die Verlegung dieser und
anderer Buchtitel von Le Goullon eine gute Sicherheit.

---

*   *Weil auch dieser Titel einen interessanten Einblick in die Kochliteratur jener Zeit gibt und zeigt, wie modern der Autor mit seiner Kompi-
lationsmethode war, sei er hier vollständig zitiert: Neujahrsgeschenk für
Leckermäuler. Eine Auswahl von hundert der schönsten Mehl-, Milch-
und Eier-Speisen der Engländer, Franzosen und Italiener als Puddings,
Aufläufe, Omeletten, Dampfnudeln, Strudel, Klöße, Maccaroni usw.
Von dem Verfasser des eleganten Theetisches. Weimar 1813.*

Das Titelblatt des »Eleganten Theetischs« und das kurze einleitende Kapitel über die Pflichten des Gastgebers sowie die Zubereitung des Tees führen den aufmerksamen Leser mitten hinein in die Zeit um 1800, als das aufstrebende Bürgertum bestimmte Formen der aristokratischen Kultur übernahm und seinen Zwecken und Lebensbedürfnissen anpaßte, dabei Traditionen weiterführte, aber gleichzeitig das Neue und Moderne förderte. Der Untertitel des »Eleganten Theetischs« gibt uns diese Auskunft: »…oder die Kunst, einen glänzenden Zirkel auf eine geschmackvolle und anständige Art und ohne großen Aufwand zu bewirthen«.

Le Goullon (1757 bis 1839) stand als Großherzoglicher Mundkoch und zuvor bereits durch seine Tätigkeit im Weimarer »Hôtel de France« in der Tradition der berühmten Köche, die ihre Erfahrungen und Rezepturen durch die Literatur weitergaben. Im Frankreich des 17. und 18. Jahrhunderts, zur Zeit des Feudalabsolutismus, hatte jede angesehene Familie und jedes gute Hotel einen berühmten Koch – keine Köchin! –, und die übrigen europäischen Länder folgten auch hierin dem französischen Vorbild. Sicherlich läßt sich unser Autor nicht mit einem La Varenne oder Carême vergleichen, denn er ist auf dem Gebiet der Eß- und Trinkkultur jener Zeit weniger eigenschöpferisch, mehr rezipierend, aber er dürfte in Deutschland durch seinen schriftstellerischen Erfolg zu den wichtigsten Förderern der Eß- und Trinkkultur gehört haben. Und wenn Le Goullon auch nicht den geistvollen Brillat-Savarin, den Autor der »Physiologie des Geschmacks«, erreicht, so wird doch durch viele Einzelheiten spürbar, daß er dessen Zeitgenosse war und gleichfalls ein Gourmet, ein Feinschmecker, wie seine ausgewählten Rezepturen beweisen.

Le Goullon fühlte sich der führenden Oberschicht verbunden. 1821 erschien in Leipzig sein »Kochbuch für die vornehmen

Herrschaften«. 1829 kam in Weimar ein weiteres Buch von ihm heraus: »Der neue Apicius oder die Bewirthung vornehmer Gäste so wie es die feinere Kochkunst und der Geschmack des 19. Jahrhunderts gebietet. Taschenbuch für Freunde der gastlichen Bewirthung«. Hier spüren wir besonders deutlich, was das Eigentliche der Kochbücher eines Le Goullon ausmacht – er ist ein Kenner der traditionellen Kochliteratur. Er bezieht sich, wie bereits die Kochbuchautoren der Renaissancezeit, auf Apicius, den legendären römischen Autor des ältesten europäischen Kochbuches, und auch sein »Eleganter Theetisch« enthält Rezepturen, wie z. B. das blanc manger oder den Hippocras, die zur ältesten Überlieferung gehören.

Aber Le Goullon ist, wie er selbst betont, ein moderner Autor, der sich in seinen Büchern auf bestimmte Themen spezialisiert und Rezepturen aufnimmt (so z. B. von Gelees und Eis), die gerade sehr gefragt sind, und sich auf eine Form der Geselligkeit bezieht, die, gleichfalls aus Frankreich kommend, in Deutschland das Leben der aristokratischen wie bürgerlichen Kreise prägte. Er dachte dabei sicherlich nicht an die großen Salons im französischen Stil oder an die bekannten Tafelrunden z. B. der Anna Amalia oder der Schlegels in Jena, an die Berliner Salons der Henriette Herz oder Rahel Varnhagen; in seinem »Eleganten Theetisch« wendet sich Le Goullon mit praktischen Ratschlägen und – heute noch – interessanten, abwechslungsreichen Rezepten an alle Kreise, die Geselligkeit pflegen, um durch »Behaglichkeit und Heiterkeit« die »Dornen des Lebens« vergessen zu machen.

Die soziale Funktion dieser geselligen Bestrebungen müssen wir ähnlich hoch einschätzen, wie es der Autor selbst getan hat (S. 9 bis 11), sind sie doch den humanistischen Bildungsbestrebungen des Bürgertums verpflichtet. Le Goullon war zugleich ein guter Beobachter und Kenner aller Veränderungen, und er bemerkte den Trend zur sparsamen und schlichteren Lebensführung in seiner Zeit. Tee und Butterbrot (S. 14) können wir sicher nicht als Verschwendungssucht bezeichnen, andererseits sind viele Rezepturen im »Eleganten Theetisch« recht anspruchsvoll. Auch modische Veränderungen registriert der Autor sehr genau. Er beschreibt in seinem einleitenden Kapitel die neuen, einfacheren Teemaschinen im antikisierenden Stil und vermerkt die Ablösung des alten Prunkservice durch die einzelnen Teeschalen, die ersetzbar sind. Wir erfahren durch ihn von der Verdrängung des teuren Porzellans durch das billigere englische Steingut aus Wedgewood, das zu jener Zeit in Europa Verbreitung fand (S. 16). Kurz gesagt – der »Elegante Theetisch« war hochaktuell.

Durch den eingangs zitierten Buchtitel »Neujahrsgeschenk für Leckermäuler ...« ließ sich feststellen, daß Le Goullon sich nicht ausschließlich und traditionsgemäß an der französischen und italienischen Küche orientierte, sondern nun auch an der englischen, gehörten doch die Engländer seit einiger Zeit zu den teetrinkenden Nationen in Westeuropa – was der »Elegante Theetisch« zu respektieren wußte. Seit dem Ende des 17. Jahrhunderts tauchen in den europäischen Kochbüchern Rezepte für die damaligen Luxusgetränke Schokolade, Kaffee und Tee auf, die seinerzeit noch eine sehr widersprüchliche Bewertung erfuhren und vorerst den Oberschichten vorbehalten blieben.** Eine Teekultur wie im Fernen Osten jedoch gibt es in unseren Breiten bis heute nicht, und wir können

---

** *Berühmte Titel aus der alten Teeliteratur sind z. B. »Klar entdeckte Unschuld der jüngsthin von jemand unbillig angeklagter Thee- und Coffee-Gebräuche« (1696 von einem Hildesheimer »Leib-Medicus« verfaßt) und »Verschlemmerte und bezauberte Coffee- und Thee-Welt« (1737 aus dem Holländischen).*

nicht, wie die Japaner, sagen »Er hat Tee in sich«, wenn einer zu leben versteht. England, das sich im Zeitalter der Industrialisierung zum einflußreichsten Land in Europa entwickelte, änderte nicht zuletzt durch den Handel der Britisch-Ostindischen Kompanie seine Konsumgewohnheiten und ersetzte den ursprünglich hohen Kaffeeverbrauch durch den Tee und die »coffee houses« durch den »tea pot«.

Seit dieser Zeit sind Kaffee und Tee als echte Volksgetränke gleichberechtigte Konkurrenten und aus unserem Tagesablauf nicht mehr wegzudenken, und auch wir heute haben unsere guten Gründe, dem einen oder anderen den Vorrang zu geben. Le Goullon wußte jedenfalls um diese Einflüsse auch in Deutschland, wo die »Teegesellschaft« – und nicht die Kaffeegesellschaft – eine wichtige Form des geselligen Lebens bis in die Biedermeierzeit blieb und typisch deutsche Formen, z. B. die der Hausmusik, entwickelte. Le Goullon wurde diesen Lebensformen durch sein Buch in ansprechender Weise gerecht. Vielleicht aber kannte er auch den Ausspruch Lessings, der gesagt haben soll: »Ob ich morgen leben werde, weiß ich freilich nicht. Aber daß ich, wenn ich morgen lebe, Tee trinken werde, das weiß ich gewiß«.

Anneliese Schmitt

Worterklärungen

Ambra	Ausscheidungsprodukt aus dem Darm des Pottwals, Verwendung als Riechstoff
à sons aise	nach seiner Bequemlichkeit
Backwalker, Welgerholz	Nudelholz
Bagatelles	Kleinigkeiten
Berbisbeere, Berbesbeere	alte Bezeichnung für Berberitze (Sauerdorn) und ihre scharlachroten Beeren
Blanc manger	Mandelpudding
Bergamotte	birnenförmige Abart der Pomeranze; aus den frischen Schalen gewinnt man das Bergamotteöl zum Aromatisieren und für Parfümerien
Bouteille	Flasche
Crême de Barbades	Barbados-Creme
Dejeunér	Frühstück
Eau de Noyaux	Branntwein aus Pflaumen- oder Kirschkernen
Franzbranntwein, Franzwein	Branntwein
Glace	Zuckerguß
Hausenblase	Innenhaut der Schwimmblase vom Hausen, Stör, als Gelatine gebraucht. Hausenblase herzustellen ist sehr kostspielig und wurde daher eingestellt (Hausenblase, Hirschhorn, Agar-Agar und Pomosingeleeguß wurden nach und nach abgelöst durch Gelatine in Blatt- und Pulverform).

Hefen	Bier- oder Backhefe
Hippocras	Gewürzwein
Hohllippen	Hippengebäck, das auf dem Blech, heute auch im Waffeleisen oder im Grill gebacken wird. Hippen werden noch heiß zu Tüten oder Rollen gedreht und meist gefüllt.
Huile de Venus	eine Likörsorte (»Venusöl«)
Kanarienzukker	gelbe Zuckersorte
Kardemomen	Kardamom
Karmin	roter Farbstoff, der aus Koschenilleschildlaus gewonnen wird
Macarone	Mandeltörtchen
Médoc	roter Bordeaux
Meraingues	Sahnebaisers
Moulinet	kleine Mühle, Rührgerät
Muskatblüte	auch Macis genannt: aus dem Samenmantel gewonnenes Gewürz, der Samen selbst ist die Muskatnuß
Pomeranze	unveredelte Form der Bitterorange; aus ihren Blüten wird das stark duftende Orangenblütenöl gewonnen
Pomme de Sinen	China-Apfel; Bezeichnung für die Apfelsine (Orange), die auf die ursprüngliche Heimat der Frucht hinweist (eigentlich pomme de Chine)
Pontac	Pontacwein (nach einer Stadt in den Pyrenäen)
petit choux	kleine Beutel, Windbeutel
Samm	Sämiges, Gestocktes
Tourte d'Amandes	Mandeltorte

Syrup capilaire	haarfeiner Sirup
Tee-dansant	Tee-Abendgesellschaft mit Tanz, Tanztee
Tournesol	Lackmus zum Rotfärben
Vermeil	vergoldetes Silber
Vin de Grave	Weißwein aus La Grave, einer bedeutenden Weinstadt Südwestfrankreichs
welsche Nuß	Walnuß; die alte Bezeichnung deutet auf die Herkunft aus Frankreich hin.
Zoll	altes Längenmaß, etwa 2,2 bis 3 cm

Zitronen abreiben

Das Abreiben von Zitronen oder Apfelsinen empfiehlt sich nicht mehr, da diese Früchte heute chemisch behandelt werden.

Zucker kochen bzw. läutern

Der Konditor arbeitet mit dem Zuckerthermometer, das die Grade von 80° bis 130° Reaumier anzeigt. Mit 80° Reaumier, der Siedetemperatur des Wassers, tritt das Zuckerthermometer in Tätigkeit. Verdunstet das Wasser, so wird die Zuckerlösung ständig heißer und dicker. Man hängt den Wärmemesser an einem Faden so über den Kessel, daß mindestens 2 bis 3 cm in den kochenden Zucker hineinragen. Das Zuckerthermometer zeigt bei

kleinem Faden   83°
starkem Faden   87°
schwachem Flug   90°
starkem Flug   93° ⎫
Bruch, Karamel   115° ⎬ läutern

Für glasierte Früchte taucht man das abgetropfte Obst in auf 118° gekochten Zucker bzw. übergießt sie damit.

Gewichtstabelle

1 Gran = 60 bis 70 mg
1 Kanne sächsisch = 0,936 l (in Dresden, in Gotha z. B. 1,8 l)
1 Liter = 1000 ml
1 Loth (Lot) = 15 ⅛ g (Nürnberger Gewicht) oder 16 ⅔ g (nach Einführung des Zollpfundes zu 500 g)
1 Maß = 1 l oder 1 kg
1 Nösel = 500 ml oder 500 g
1 Pfund = 500 g
1 Quartier = 0,9 l
1 Quente = 2 g